Das Erste Italienische Lesebuch für Anfänger

Francesca Favuzzi

Das Erste Italienische Lesebuch für Anfänger
Stufen A1 A2
Zweisprachig mit Italienisch-deutscher Übersetzung

Das Erste Italienische Lesebuch für Anfänger
von Francesca Favuzzi

Audiodateien: www.lppbooks.com/Italian/FIRv1/
Homepage: www.audiolego.com

Umschlaggestaltung: Audiolego Design
Umschlagfoto: Toomas Järvet

5. Ausgabe

Copyright © 2012 2014 2015 2018 Language Practice Publishing
Copyright © 2015 2018 Audiolego
Alle Rechte vorbehalten. Das Werk ist urheberrechtlich geschützt.

Inhaltsverzeichnis

Anfänger Stufe A1 7

Alfabeto Italiano 8

So steuern Sie die Geschwindigkeit der Audiodateien 10

Kapitel 1 Robert hat einen Hund 11

Kapitel 2 Sie wohnen in Genua (Italien) 14

Kapitel 3 Sind sie Italiener? 17

Kapitel 4 Können Sie mir bitte helfen? 20

Kapitel 5 Robert wohnt jetzt in Italien 23

Kapitel 6 Robert hat viele Freunde 26

Kapitel 7 Giuseppe kauft ein Fahrrad 29

Kapitel 8 Fabia will eine neue DVD kaufen 31

Kapitel 9 Paul hört deutsche Musik 33

Kapitel 10 Paul kauft Fachbücher über Design 36

Kapitel 11 Robert will ein bisschen Geld verdienen (Teil 1) 39

Kapitel 12 Robert will ein bisschen Geld verdienen (Teil 2) 42

Fortgeschrittene Anfänger Stufe A2 45

Capítolo 13 Il nome dell'albergo 46

Capítolo 14 Aspirina 49

Capítolo 15 Maria ed il canguro 52

Capítolo 16 I paracadutisti 55

Capítolo 17 Spegni il gas! 60

Capítolo 18 Un'agenzia di lavoro 64

Capítolo 19 Giuseppe e Robert lavano il camion (parte 1) 68

Capítolo 20 Giuseppe e Robert lavano il camion (parte 2) 72

Capítolo 21 Un'ora di lezione 76

Capítolo 22 Paul lavora in una casa editrice 79

Capítolo 23 Regole per gatti 83

Capítolo 24 Lavoro di gruppo 86

Capítolo 25 Robert e Giuseppe cercano un nuovo lavoro 90

Capítolo 26 Domanda d'impiego a "Notizie di Genova" 95

Capítolo 27 La pattuglia della polizia (parte 1) 99

Capítolo 28 La pattuglia della polizia (parte 2) 104

Capítolo 29 Scuola per studenti stranieri (S.S.S.) e au-pair 109

Wörterbuch Italienisch-Deutsch 113

Wörterbuch Deutsch-Italienisch 125

Buchtipps 137

Anfänger Stufe 1A

Alfabeto Italiano
Italienisches Alphabet

Die Buchstaben des Alphabetes werden geschrieben wie gesprochen. Das italienische Alphabet hat im Grunde nur 21 Buchstaben. Die anderen sind bekannt, tauchen aber nur in Lehnwörtern auf:

Buchstabe	*Name*	*Buchstabe*	*Name*
a	[a]	n	[ɛnne]
b	[bi]	o	[o]
c	[tʃi]	p	[pi]
d	[di]	q	[ku]
e	[e]	r	[ɛrre]
f	[ɛffe]	s	[ɛsse]
g	[dʒi]	t	[ti]
h	[akka]	u	[u]
i	[i]	v	[vu] oder [vi]
l	[ɛlle]	z	[dzɛ:ta]
m	[ɛmme]		

Folgende Buchstaben kommen nur in Dialekten und Fremdwörtern vor:
j . . (i lunga)
k . . (kappa)
w . . (doppia vu)
x . . (ics)
y . . (ipsilon)

Besonderheiten

Die Rechtschreibung ist mit der Aussprache strengstens verbunden. Das macht dem Lernenden recht leicht (Fortgeschrittene Sprecher bekommen dann eher Probleme mit der Kadenz, also der Melodieführung) die Sprache zu lernen. Lediglich die Buchstaben „c" und „g" variieren.

Der „k"-Laut
c und cc vor a, o, u
ch und cch vor e, i
Beispiele: Coca Cola, che cosa, chi.
Einfache Regel: „ch" wird immer als K-Laut ausgesprochen

Der „tsch"-Laut (vergleichbar mit dem Laut im Wort „deutsch")
c und cc vor e, i
ci und cci vor a, o, u
Beispiele: invece, amici, ciao, faccio.

Der „g"-Laut
g und gg vor a, o, u
gh und ggh vor e, i

Beispiele: gatto, agosto, gusto, spaghetti.

Der „dsch"-Laut (vergleichbar mit „Gin", „Dschungel" im Deutschen)
g und gg vor e, i
gi und ggi vor a, o, u
Beispiele: giorno, Giuseppe, giro.

Der „lj"-Laut (fehlt im Deutschen)
...wird durch gl wiedergegeben und ist eine enge Verschmelzung zwischen l und j
Beispiele: gli, meglio, miglia.

Der „nj"-Laut (fehlt im Deutschen)
...wird durch gn wiedergegeben und ist eine enge Verschmelzung zwischen n und j, ähnlich wie spanisches ñ in La Coruña.
Beispiele: gnocchi, bagno, cognac.

Der „s"-Laut (stimmlos und stimmhaft)
...wird immer durch den Buchstaben S wiedergegeben. Zwischen Vokalen wird es stimmhaft wie in Rose, ansonsten stimmlos wie in Wasser gesprochen.
Beispiele: rosa, esato, tassista, Massimo.

Der „ts"- und „ds"-Laut
...werden beide durch das Z wiedergegeben. Wann dieses stimmlos wie in Zoo oder stimmhaft (fehlt im Deutschen, etwa wie ds in Waldsaum) gesprochen wird, lässt sich nicht vorhersagen.
Beispiele: stimmhaft: zona, zio. stimmlos: forza, zucchero.

Akzente

1. Regel (Hauptregel)
Akzente kommen nur bei auslautenden Vokalen vor. Sie zeigen die Betonung des Wortes an.
(Wenn kein Akzent vorliegt, dann liegt die Betonung meist auf der vorletzten Silbe).
Beispiel für Akzente: così, comunità, più, è, perché

2. Regel (beim „e" ändert sich minimal die Aussprache)
é = wie e in Regen
è = wie e in Fenster

So steuern Sie die Geschwindigkeit der Audiodateien

Das Buch ist mit den Audiodateien ausgestattet. Die Adresse der Homepage des Buches, wo Audiodateien zum Anhören und Herunterladen verfügbar sind, ist am Anfang des Buches auf der bibliographischen Beschreibung vor dem Copyright-Hinweis aufgeführt.

Wir empfehlen Ihnen, den kostenlosen VLC-Mediaplayer zu verwenden, die Software, die zur Steuerung der Wiedergabegeschwindigkeit aller Audioformate verwendet werden kann. Die Steuerung der Geschwindigkeit ist auch einfach und erfordert nur wenige Klicks oder Tastatureingaben.

Android: Nach der Installation vom VLC Media Player klicken Sie auf die Audiodatei am Anfang eines Kapitels oder auf der Homepage des Buches, wenn Sie ein Papierbuch lesen. Wählen Sie "Open with VLC". Wenn Sie Schwierigkeiten beim Öffnen von Audiodateien mit VLC haben, ändern Sie die Standard-App für den Musik-Player. Gehen Sie zu Einstellungen→Apps, wählen Sie VLC und klicken Sie auf "Open by default" oder "Set default".

Kindle Fire: Nach der Installation vom VLC Media Player klicken Sie auf eine Audiodatei am Anfang eines Kapitels oder auf der Homepage des Buches, wenn Sie ein Papierbuch lesen. Wählen Sie "Complete action using →VLC".

iOS: Nach der Installation vom VLC Media Player kopieren Sie den Link zu der Audiodatei am Anfang eines Kapitels oder auf der Homepage des Buches, wenn Sie ein Papierbuch lesen, und fügen Sie ihn in den Download-Bereich des VLC Media Players ein. Nachdem der Download abgeschlossen ist, gehen Sie zu "Alle Dateien" und starten Sie die Audiodatei.

Windows: Starten Sie den VLC Media Player und klicken Sie auf die Audiodatei am Anfang eines Kapitels oder auf der Homepage des Buches, wenn Sie ein Papierbuch lesen. Gehen Sie nun in die Wiedergabe (Playback) und navigieren Sie die Geschwindigkeit.

MacOS: Starten Sie den VLC Media Player und klicken Sie auf die Audiodatei am Anfang eines Kapitels oder auf der Homepage des Buches, wenn Sie ein Papierbuch lesen. Nun, navigieren Sie zum Playback und öffnen die Optionen von Geschwindigkeit. Navigieren Sie die Geschwindigkeit.

1

Robert ha un cane
Robert hat einen Hund

A

Vocaboli
Vokabeln

1. Albergo - -s Hotel; alberghi - die Hotels
2. anche, pure - auch
3. avere - haben
4. azzurro, blu - blau
5. bello/bella - schön
6. bicicletta - -s Fahrrad
7. cane - -r Hund
8. e/ed - und
9. vetrina - -s Schaufenster; vetrine - die Schaufenster
10. gatto - -e Katze
11. Giuseppe - Giuseppe (Name)
12. grande - groß
13. ha - hat; Lui ha un libro. - Er hat ein Buch.
14. io - ich
15. letto - -s Bett; letti - die Betten
16. libro - -s Buch
17. loro - sie
18. lui - er

19. mio, mia, miei, mie - mein, meine
20. molti, molto - viele, viel
21. naso (di animale) - -e Schnauze
22. negozio - -r Laden; negozi - die Läden
23. nero - schwarz
24. no, non - nein
25. nuovo - neu
26. occhio - -s Auge; occhi - die Augen
27. parco - -r Park; parchi - die Parks
28. parola - -s Wort; parole - die Wörter
29. penna - -e Stift; penne - die Stifte
30. piccolo - klein
31. Paul - Paul (Name)
32. quaderno - -s Notizbuch; quaderni - die Notizbücher
33. quattro - vier
34. quelli - die
35. quello - der
36. questi - diese
37. questo - dieser; questo libro - dieses Buch
38. penna - -r Stift
39. Robert - Robert (Name)
40. Roma - Rom
41. sogno - -r Traum
42. stanza - -s Zimmer; stanze - die Zimmer
43. stella - -r Stern
44. strada - -e Straße; strade - die Straßen
45. studente - -r Student; studenti - die Studenten
46. suo - sein; suo letto - sein Bett
47. tavola - -r Tisch; tavoli/tavole - die Tischen
48. testo - -r Text
49. uno - ein
50. verde - grün

B

Robert ha un cane

Robert hat einen Hund

1. Questo studente ha un libro. 2.(Lui) ha anche una penna.

1. Dieser Student hat ein Buch. 2. Er hat auch einen Stift.

3. Genova ha molte strade e parchi.
4. Questa strada ha nuovi alberghi e negozi.
5. Questo albergo è a quattro stelle.
6. Questo albergo ha molte stanze belle e grandi.

3. Genua hat viele Straßen und Parks. 4. Diese Straße hat neue Hotels und Läden. 5. Dieses Hotel hat vier Sterne. 6. Dieses Hotel hat viele schöne, große Zimmer.

7. Quella stanza ha molte finestre. 8.E queste stanze non hanno molte finestre. 9. Queste stanze hanno quattro letti. 10.E queste stanze hanno un letto. 11. Quella stanza non ha molti tavoli. 12.E queste stanze hanno molti tavoli grandi.

7. Jenes Zimmer hat viele Fenster. 8. Und diese Zimmer haben nicht viele Fenster. 9. Diese Zimmer haben vier Betten. 10. Und diese Zimmer haben ein Bett. 11. Jenes Zimmer hat nicht viele Tische. 12. Und diese Zimmer haben viele große Tische.

13. In questa strada non ci sono alberghi.
14. Questo grande negozio ha molte finestre.

13. In dieser Straße sind keine Hotels. 14. Dieser große Laden hat viele Fenster.

15. Questi studenti hanno dei quaderni.
16. (Loro) hanno anche delle penne.

15. Diese Studenten haben Notizbücher. 16. Sie haben auch Stifte.

17. Robert ha un piccolo quaderno nero.

17. Robert hat ein kleines schwarzes Notizbuch.

18.Paul ha quattro nuovi quaderni verdi.

19.Questo studente ha una bicicletta.
20.(Lui) ha una nuova bicicletta azzurra.
21.Anche Giuseppe ha una bicicletta.
22.(Lui) ha una bella bicicletta nera.

23.Paul ha un sogno. 24.Anch'io ho un sogno. 25.Io non ho un cane. 26.Io ho un gatto. 27.Il mio gatto ha dei begli occhi verdi. 28.Robert non ha un gatto. 29.(Lui) ha un cane. 30.Il suo cane ha un piccolo naso nero.

18.Paul hat vier neue grüne Notizbücher.

19.Dieser Student hat ein Fahrrad. 20.Er hat ein neues blaues Fahrrad. 21.Giuseppe hat auch ein Fahrrad. 22.Er hat ein schönes schwarzes Fahrrad.

23.Paul hat einen Traum. 24.Ich habe auch einen Traum. 25.Ich habe keinen Hund. 26.Ich habe eine Katze. 27.Meine Katze hat schöne grüne Augen. 28.Robert hat keine Katze. 29.Er hat einen Hund. 30.Sein Hund hat eine kleine schwarze Nase.

2

Loro vivono a Genova (Italia)
Sie wohnen in Genua (Italien)

A

Vocaboli
Vokabeln

1. adesso - jetzt
2. città - -e Stadt
3. comprare - kaufen
4. due - zwei
5. è di - ist aus
6. Fabia (nome) - Fabia (Name)
7. fame - -r Hunger
8. Francese - Französisch
9. Francia - Frankreich
10. fratello - -r Bruder
11. grande - groß
12. in - in/auf
13. Italia - Italien
14. italiano - Italienisch
15. italiano(m), italiana(f) - Italiener, Italienerin
16. lei - sie *(Singular)*
17. loro - sie *(Plural)*
18. mamma, madre - -e Mutti, -e Mutter
19. noi - wir

20. panino - -s Brötchen
21. sorella - -e Schwester
22. supermercato - -r Supermarkt
23. tu (singolare), Voi (Plurale) - du *(Singular)*, ihr *(Plural)*
24. vivere - leben

Loro vivono a Genova

1.Genova è una grande città. 2.Genova è in Italia.

3.Questo è Robert. 4.Robert è uno studente. 5.Al momento (lui) è a Genova. 6.Robert viene dalla Germania. 7.(Lui) è tedesco. 8.Robert ha una madre, un padre, un fratello e una sorella. 9.(Loro) vivono in Germania.

10.Questo è Paul. 11.Anche Paul è uno studente . 12.(Lui) viene dal Canada. 13.(Lui) è canadese. 14.Paul ha una madre, un padre e due sorelle. 15.(Loro) vivono in Canada.

16.Robert e Paul sono al supermercato in questo momento. 17.(Loro) hanno fame. 18.(Loro) comprano dei panini.

19.Questa è Fabia. 20.Fabia è italiana. 21.Anche Fabia vive a Genova. 22.(Lei) non è una studentessa.

23.Io sono uno studente. 24.Io vengo dalla Germania. 25.Al momento sono a Genova. 26.Io non ho fame.

27.Tu sei uno studente. 28.Tu sei tedesco. 29.Tu non sei in Germania al momento. 30.Tu sei in Italia.

31.Noi siamo studenti. 32.Noi siamo in Italia al momento.

33.Questa è una bicicletta. 34.La bicicletta è blu. 35.La bicicletta non è nuova.

36.Questo è un cane. 37.Il cane è nero. 38.Il cane non è grande.

39.Questi sono negozi. 40.I negozi non sono

Sie wohnen in Genua

1.Genua ist eine große Stadt. 2.Genua ist in Italien.

3.Das ist Robert. 4.Robert ist Student. 5.Er ist zurzeit in Genua. 6.Robert kommt aus Deutschland. 7.Er ist Deutscher. 8.Robert hat eine Mutter, einen Vater, einen Bruder und eine Schwester. 9.Sie leben in Deutschland.

10.Das ist Paul. 11.Paul ist auch Student. 12.Er kommt aus Kanada. 13.Er ist Kanadier. 14.Paul hat eine Mutter, einen Vater und zwei Schwestern. 15.Sie leben in Kanada.

16.Robert und Paul sind gerade im Supermarkt. 17.Sie haben Hunger. 18.Sie kaufen Sandwiches.

19.Das ist Fabia. 20.Fabia ist Italienerin. 21.Fabia wohnt auch in Genua. 22.Sie ist keine Studentin.

23.Ich bin Student. 24.Ich komme aus Deutschland. 25.Ich bin zur Zeit in Genua. 26.Ich habe keinen Hunger.

27.Du bist Student. 28.Du bist Deutscher. 29.Du bist zurzeit nicht in Deutschland. 30.Du bist in Italien.

31.Wir sind Studenten. 32.Wir sind zur Zeit in Italien.

33.Dies ist ein Fahrrad. 34.Das Fahrrad ist blau. 35.Das Fahrrad ist nicht neu.

36.Dies ist ein Hund. 37.Der Hund ist schwarz. 38.Der Hund ist nicht groß.

39.Dies sind Läden. 40.Die Läden sind nicht

grandi. 41.Sono piccoli. 42.Questo negozio ha molte finestre. 43.Quei negozi non hanno molte finestre.

44.Quel gatto è in camera. 45.Questi gatti non sono in camera.

groß. 41.Sie sind klein. 42.Dieser Laden hat viele Fenster. 43.Jene Läden haben nicht viele Fenster.

44.Die Katze ist im Zimmer. 45.Diese Katzen sind nicht im Zimmer.

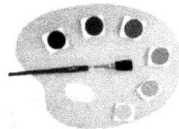

3

Loro sono italiani?
Sind sie Italiener?

 A

Vocaboli
Vokabeln

1. Americano - Amerikanisch
2. animale - -s Tier
3. bambino/ragazzo - -s Kind / -s Junge
4. caffè - Kaffee, Cafe
5. casa - -s Haus
6. come - wie
7. donna - -e Frau
8. dove - wo
9. il/suo libro - sein/ihr Buch
10. in - in/auf
11. Italia - Italien
12. italiano (agg) - Italienisch
13. lettore di CD - CD-Spieler
14. lo - es/ihn
15. mappa - -e Karte
16. no, non - nein
17. nostro - unser
18. sì - ja
19. sopra, sul - oben / auf
20. tu(s) voi(p). - du *(Singular)*, ihr *(Plural)*
21. tutto - alles
22. uomo - -r Mann
23. vecchio - alt

B

| **Loro sono italiani?** | ***Sind sie Italiener?*** |

1
- Io sono un ragazzo. Io sono in stanza.
- Tu sei americano?
- No, io non sono americano. Io sono tedesco.
- Sei uno studente?
- Sì, io sono uno studente.

2
- Questa è una donna. Anche la donna è in stanza.
- (Lei) è tedesca?
- No, (lei) non è tedesca. (Lei) è americana.
- (Lei) è una studentessa?
- No, (lei) non è una studentessa.

3
- Questo è un uomo. (Lui) è seduto a tavola.
- (Lui) è americano?
- Sì, (lui) è americano.

4
- Questi sono studenti. (Loro) sono al parco.
- (Loro) sono tutti tedeschi?
- No, non sono tutti tedeschi. (Loro) vengono dalla Germania, dal Giappone e dal Canada.

5
- Questo è un tavolo. È grande.
- È nuovo?
- Sì, è nuovo.

6
- Questo è un gatto. E' nella stanza.
- È nero?
- Sì, lo è. E' nero e bello.

7
- Queste sono delle biciclette. Sono vicino alla casa.
- Sono nere?
- Sì, sono nere.

8
- Tu hai un quaderno?
- Sì.
- Quanti quaderni hai (tu)?
- Io ho due quaderni.

9
- (Lui) ha una penna?
- Sì.
- Quante penne ha (lui)?

1
- *Ich bin ein Junge. Ich bin im Zimmer.*
- *Bist du Amerikaner?*
- *Nein, ich bin nicht Amerikaner. Ich bin Deutscher.*
- *Bist du Student?*
- *Ja, ich bin Student.*

2
- *Das ist eine Frau. Die Frau ist auch im Zimmer.*
- *Ist sie Deutsche?*
- *Nein, sie ist nicht Deutsche. Sie ist Amerikanerin.*
- *Ist sie Studentin?*
- *Nein, sie ist nicht Studentin.*

3
- *Das ist ein Mann. Er sitzt am Tisch.*
- *Ist er Amerikaner?*
- *Ja, er ist Amerikaner.*

4
- *Das sind Studenten. Sie sind im Park.*
- *Sind sie alle Deutsche?*
- *Nein, sie sind nicht alle Deutsche. Sie kommen aus Deutschland, Japan und Kanada.*

5
- *Das ist ein Tisch. Er ist groß.*
- *Ist er neu?*
- *Ja, er ist neu.*

6
- *Das ist eine Katze. Sie ist im Zimmer.*
- *Ist sie schwarz?*
- *Ja, das ist sie. Sie ist schwarz und schön.*

7
- *Das sind Fahrräder. Sie stehen beim Haus.*
- *Sind sie schwarz?*
- *Ja, sie sind schwarz.*

8
- *Hast du ein Notizbuch?*
- *Ja.*
- *Wie viele Notizbücher hast du?*
- *Ich habe zwei Notizbücher.*

9
- *Hat er einen Stift?*
- *Ja.*

- (Lui) ha una penna.

10

- (Lei) ha una bicicletta?
- Sì.
- La sua bicicletta è blu?
- No, non è blu. È verde.

11

- Hai un libro di italiano?
- No, io non ho un libro di italiano. Non ho libri.

12

- (Lei) ha un gatto?
- No, (lei) non ha un gatto. (Lei) non ha animali.

13

- Voi avete un lettore CD?
- No, non abbiamo un lettore CD.

14

- Dov'è la nostra mappa?
- La nostra mappa è in stanza.
- È sul tavolo?
- Sì, è sul tavolo.

15

- Dove sono i ragazzi?
- Sono al bar.
- Dove sono le biciclette?
- Sono davanti al bar.
- Dov'è Paul?
- È al bar anche lui.

- *Wie viele Stifte hat er?*
- *Er hat einen Stift.*

10

- *Hat sie ein Fahrrad?*
- *Ja.*
- *Ist ihr Fahrrad blau?*
- *Nein, es ist nicht blau. Es ist grün.*

11

- *Hast du ein italienisches Buch?*
- *Nein, ich habe kein italienisches Buch. Ich habe keine Bücher.*

12

- *Hat sie eine Katze?*
- *Nein, sie hat keine Katze. Sie hat kein Tier.*

13

- *Habt ihr einen CD-Spieler?*
- *Nein, wir haben keinen CD-Spieler.*

14

- *Wo ist unsere Karte?*
- *Unsere Karte ist im Zimmer.*
- *Liegt sie auf dem Tisch?*
- *Ja, sie liegt auf dem Tisch.*

15

- *Wo sind die Jungs?*
- *Sie sind im Cafè.*
- *Wo sind die Fahrräder?*
- *Sie stehen vor dem Cafè.*
- *Wo ist Paul?*
- *Er ist auch im Cafè.*

4

Può aiutarmi, per favore?
Können Sie mir bitte helfen?

 A

Vocaboli
Vokabeln

1. aiuto - -e Hilfe; aiutare - helfen
2. andare (a piedi) - laufen/ gehen (zu Fuβ); gehen (mit dem Autobus/Tram) - gehen (mit einem Verkehrsmittel)
3. banca - -e Bank
4. collocare - legen
5. dare - geben
6. dovere - müssen; Io devo andare. - ich muss gehen.
7. giocare - spielen
8. imparare - lernen
9. indirizzo - -e Adresse
10. lavoro - -e Arbeit; lavorare - arbeiten
11. leggere - lesen
12. luogo, posto - -r Ort
13. o - oder
14. parlare - sprechen
15. per - für
16. per favore - bitte
17. per me - für mich
18. però, ma - aber
19. potere - dürfen; Io potrei andare in banca. - Ich darf zur Bank gehen. - sapere (potere) - können; Io so leggere. - Ich kann lesen.
20. prendere - nehmen

21. ringraziare - danken; la ringrazio/ti ringrazio - ich danke dir/Ihnen; grazie - danke
22. scrivere - schreiben
23. sedersi - sich setzen

B

Può aiutarmi, per favore?

Können Sie mir bitte helfen?

1
- Mi può aiutare per favore?
- Sì, posso.
- Io non so scrivere l'indirizzo in italiano. Potrebbe scriverlo Lei per me?
- Sì, posso.
- Grazie.

- Können Sie mir bitte helfen?
- Ja, das kann ich.
- Ich kann die Adresse nicht auf Italienisch schreiben. Können Sie sie für mich schreiben?
- Ja, das kann ich.
- Danke.

2
- (Tu) sai giocare a tennis?
- No. Però posso imparare. (Tu) mi puoi aiutare a farlo?
- Sì, (io) ti posso aiutare ad imparare a giocare a tennis.
- Grazie.

- Kannst du Tennis spielen?
- Nein. Aber ich kann es lernen. Kannst du mir dabei helfen?
- Ja, ich kann dir helfen, Tennis spielen zu lernen.
- Danke.

3
- Parli italiano?
- Io so parlare e leggere l'italiano, ma non so scriverlo.
- Parli tedesco?
- Io so parlare, leggere e scrivere in tedesco.

- Sprichst du Italienisch?
- Ich kann Italienisch sprechen und lesen, aber nicht schreiben.
- Sprichst du Deutsch?
- Ich kann Deutsch sprechen, lesen und schreiben.

4
- Carol sa parlare anche tedesco?
- No, lei non parla tedesco. (Lei) è americana.

- Kann Carol auch Deutsch?
- Nein, sie kann kein Deutsch. Sie ist Amerikanerin.

5
- (Loro) parlano italiano?
- Sí, un po'. Loro sono studenti e studiano l'italiano.
- Ma questo ragazzo non sa parlare italiano.

- Sprechen sie Italienisch?
- Ja, ein bisschen. Sie sind Studenten und lernen Italienisch.
- Aber dieser Junge spricht kein Italienisch.

6
- Dove sono (loro)?
- (Loro) stanno giocando a tennis.
- Possiamo giocare anche noi?
- Sì, possiamo farlo.

- Wo sind sie?
- Sie spielen gerade Tennis.
- Können wir auch spielen?
- Ja, das können wir.

7
- Dov'è Robert?
- Forse è al bar.

- Wo ist Robert?
- Er ist vielleicht im Café.

8
- Sedetevi a questo tavolo, prego.
- Grazie. Posso mettere i miei libri su questo

- Setzen Sie sich an diesen Tisch, bitte.
- Danke. Kann ich meine Bücher auf diesen Tisch

tavolo?
- Sì.

9
- Paul può sedersi al suo tavolo?
- Sì, può.

10
- Posso sedermi sul suo letto?
- No, non puoi.
- Fabia può prendere il suo lettore CD?
- No, non può prendere il suo lettore CD.

11
- Possono (loro) prendere la sua mappa?
- No, non possono.

12
- (Tu) non devi sederti sul suo letto.
- Lei non deve prendere il suo lettore CD.
- (Loro) non devono prendere questi quaderni.

13
- (Io) devo andare in banca.
- Devi andare adesso?
- Sì.

14
- (Tu) devi imparare il tedesco?
- Non devo imparare il tedesco. Devo imparare l'italiano.

15
- Lei deve andare in banca?
- No. (Lei) non deve andare in banca.
- Posso prendere questa bicicletta?
- No, (tu) non puoi prendere questa bicicletta.
- Possiamo mettere questi quaderni sul suo letto?
- No. (Voi) non potete mettere i quaderni sul suo letto.

legen?
- Ja.

9
- Darf Paul sich an seinen Tisch setzen?
- Ja, das darf er.

10
- Darf ich mich auf ihr Bett setzen?
- Nein, das darfst du nicht.
- Darf Fabia ihren CD-Spieler nehmen?
- Nein, sie darf ihren CD-Spieler nicht nehmen.

11
- Dürfen sie ihre Karte nehmen?
- Nein, das dürfen sie nicht.

12
- Du darfst dich nicht auf ihr Bett setzen.
- Sie darf ihren CD-Spieler nicht nehmen.
- Sie dürfen diese Notizbücher nicht nehmen.

13
- Ich muss zur Bank gehen.
- Musst du jetzt gehen?
- Ja.

14
- Musst du Deutsch lernen?
- Ich muss nicht Deutsch lernen. Ich muss Italienisch lernen.

15
- Muss sie zur Bank gehen?
- Nein, sie muss nicht zur Bank gehen.
- Darf ich dieses Fahrrad nehmen?
- Nein, du darfst dieses Fahrrad nicht nehmen.
- Dürfen wir diese Notizbücher auf ihr Bett legen?
- Nein, ihr dürft die Notizbücher nicht auf ihr Bett legen.

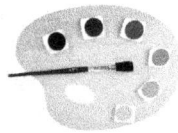

5

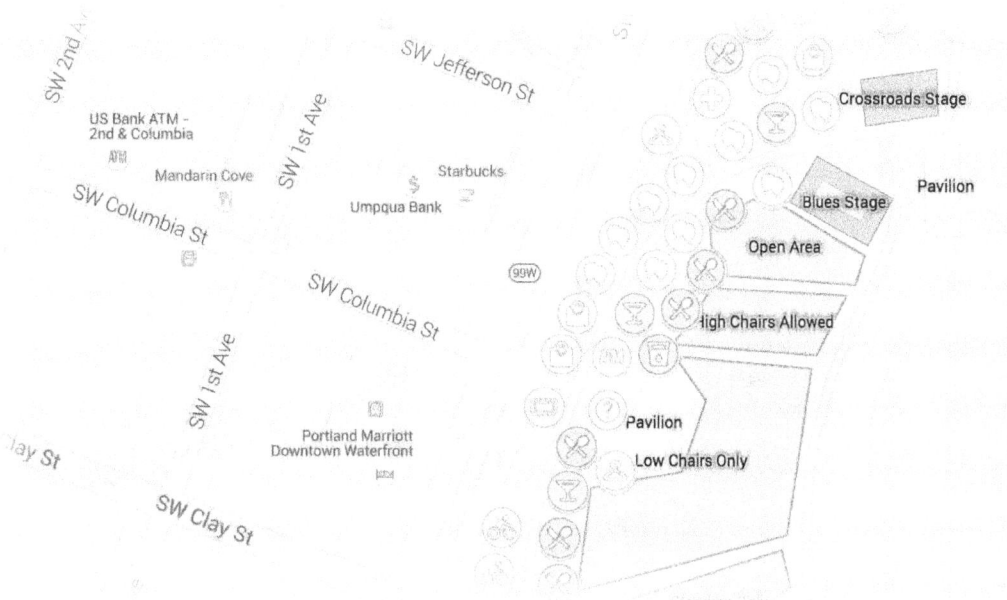

Robert vive in Italia adesso
Robert wohnt jetzt in Italien

 A

Vocaboli
Vokabeln

1. ascoltare - hören - Io ascolto la musica. - Ich höre Musik.
2. bambina/ragazza - -s Mädchen
3. bene - gut
4. bere - trinken
5. buono/buona - gut
6. cinque - fünf
7. colazione - -s Frühstück; fare colazione - frühstücken
8. desiderare/volere - wollen
9. fattoria - -s Bauernhof
10. gente - die Leute
11. giornale - -e Zeitung
12. ho bisogno - *(ich)* brauche
13. là/lì (luogo) - dort (Ort); da (Adresse) - dorthin/ dahin (Richtung)
14. mangiare - essen
15. mobili - -e Möbeleinrichtung
16. musica - -e Musik
17. otto - acht
18. piacere, amare - mögen, lieben
19. piazza - -r Platz
20. qualche/qualcuna/qualcuno - einige
21. sedia - -r Stuhl

23

22. sei - sechs
23. sette - sieben
24. tè - -r Tee
25. tre - drei

B

Robert vive in Italia adesso

1
Fabia legge bene l'italiano. Io anche leggo l'italiano. Gli studenti vanno al parco. Anche lei va al parco.

2
Noi viviamo a Genova. Anche Paul vive a Genova ora. Suo padre e sua madre vivono in Canada. Robert vive a Genova adesso. Suo padre e sua madre vivono in Germania.

3
Gli studenti giocano a tennis. Paul gioca bene. Robert non gioca bene.

4
Noi beviamo del tè. Fabia beve tè verde. Giuseppe beve tè nero. Anch'io bevo tè nero.

5
Io ascolto la musica. Anche Carol ascolta la musica. A lei piace ascoltare bella musica.

6
Io ho bisogno di sei quaderni. Giuseppe ha bisogno di sette quaderni. Fabia ha bisogno di otto quaderni.

7
Carol vuole bere qualcosa. Anch'io voglio bere qualcosa. Paul vuole mangiare qualcosa.

8
Lì sul tavolo c'è un giornale. Paul lo prende e lo legge. A lui piace leggere il giornale.

9
Ci sono dei mobili nella stanza. Lì ci sono sei tavoli e sei sedie.

10
Ci sono tre ragazze nella stanza. Loro fanno la colazione.

11
Carol mangia pane e beve tè. A lei piace il

Robert wohnt jetzt in Italien

1
Fabia liest gut Italienisch. Ich lese auch Italienisch. Die Studenten gehen in den Park. Sie geht auch in den Park.

2
Wir wohnen in Genua. Paul wohnt jetzt auch in Genua. Sein Vater und seine Mutter leben in Kanada. Robert wohnt jetzt in Genua. Sein Vater und seine Mutter leben in Deutschland.

3
Die Studenten spielen Tennis. Paul spielt gut. Robert spielt nicht gut.

4
Wir trinken Tee. Fabia trinkt grünen Tee. Giuseppe trinkt schwarzen Tee. Ich trinke auch schwarzen Tee.

5
Ich höre Musik. Carol hört auch Musik. Sie hört gerne gute Musik.

6
Ich brauche sechs Notizbücher. Giuseppe braucht sieben Notizbücher. Fabia braucht acht Notizbücher.

7
Carol will etwas trinken. Ich will auch etwas trinken. Paul will etwas essen.

8
Dort liegt eine Zeitung auf dem Tisch. Paul nimmt sie und liest. Er liest gerne Zeitung.

9
Im Zimmer gibt es Möbel. Es gibt dort sechs Tische und sechs Stühle.

10
Es sind drei Mädchen im Zimmer. Sie frühstücken.

11
Carol isst Brot und trinkt Tee. Sie mag grünen Tee.

tè verde.

12
Ci sono un paio di libri sul tavolo. Non sono nuovi. Sono vecchi.

13
- C'è una banca in questa strada?
- Sì. Ci sono cinque banche in questa strada. Non sono grandi.

14
- C'è gente in piazza?
- Si, c'è un po' di gente in piazza.

15
- Ci sono biciclette davanti al bar?
- Sì, ci sono quattro biciclette davanti al bar. Non sono nuove.

16
- C'è un albergo in questa strada?
- No, non ci sono alberghi in questa strada.

17
- Ci sono negozi grandi in questa strada?
- No, non ci sono negozi grandi in questa strada.

18
- Ci sono fattorie in Italia?
- Sì, ci sono molte fattorie in Italia.

19
- Ci sono mobili in questa stanza?
- Sì, lì ci sono quattro tavoli e alcune sedie.

12
Auf dem Tisch liegen ein paar Bücher. Sie sind nicht neu. Sie sind alt.

13
- *Ist in dieser Straße eine Bank?*
- *Ja. Es gibt fünf Banken in dieser Straße. Sie sind nicht groß.*

14
- *Sind Menschen auf dem Platz?*
- *Ja, auf dem Platz sind ein paar Menschen.*

15
- *Stehen Fahrräder vor dem Cafè?*
- *Ja, es stehen vier Fahrräder vor dem Cafè. Sie sind nicht neu.*

16
- *Gibt es in dieser Straße ein Hotel?*
- *Nein, es gibt keine Hotels in dieser Straße.*

17
- *Gibt es in dieser Straße große Läden?*
- *Nein, es gibt keine großen Läden in dieser Straße.*

18
- *Gibt es in Italien Bauernhöfe?*
- *Ja, es gibt viele Bauernhöfe in Italien.*

19
- *Sind Möbel in diesem Zimmer?*
- *Ja, es sind dort vier Tische und einige Stühle.*

6

Robert ha molti amici
Robert hat viele Freunde

 A

Vocaboli
Vokabeln

1. agenzia - -e Agentur
2. amico - -r Freund
3. bar - -s Cafè
4. computer/pc - -r Computer
5. conoscere, sapere - kennen
6. così come, anche - sowie
7. cucina - -r Herd
8. della donna - Frauen..
9. dentro - in
10. di Robert - Roberts
11. di mamma - Mutters
12. di Paul - Pauls
13. CD - CD
14. il libro di Giuseppe - Giuseppes Buch
15. Giorgio - Giorgio (Name)
16. lavoro (n) - -e Arbeit; agenzia di lavoro - -e Arbeitsvermittlung
17. libero - frei
18. macchina/autovettura - -s Auto
19. mappa dell'uomo - -e Karte des Mannes
20. Maria - Maria (Name)
21. molto - viel
22. porta - -e Tür
23. pulito - sauber; pulire - säubern
24. papá - -r Vati
25. sotto - unter
26. vengono, vanno - kommen, gehen

B

Robert ha molti amici

Robert hat viele Freunde

1

Robert ha molti amici. Gli amici di Robert vengono al bar. A loro piace bere caffè. Gli amici di Robert bevono molto caffè.

Robert hat viele Freunde. Roberts Freunde gehen ins Café. Sie trinken gerne Kaffee. Roberts Freunde trinken viel Kaffee.

2

Il papá di Paul ha un'auto. L'auto di suo papá è pulita ma vecchia. Il papá di Paul viaggia molto in auto. Lui ha un buon lavoro e in questo momento ha molto da fare.

Pauls Vater hat ein Auto. Das Auto seines Vaters ist sauber, aber alt. Pauls Vater fährt oft Auto. Er hat eine gute Arbeit und im Moment viel zu tun.

3

Giuseppe ha molti CD. I CD di Giuseppe sono sul suo letto. Il lettore CD di Giuseppe è anche sul suo letto.

Giuseppe hat viele CDs. Giuseppes CDs liegen auf seinem Bett. Giuseppes CD-Spieler ist auch auf seinem Bett.

4

Robert legge i giornali italiani. Sul tavolo nella stanza di Robert ci sono molti giornali.

Robert liest italienische Zeitungen. Auf dem Tisch in Roberts Zimmer liegen viele Zeitungen.

5

Maria ha un gatto e un cane. Il gatto di Maria è nella stanza sotto il letto. Anche il cane di Maria è nella stanza.

Maria hat eine Katze und einen Hund. Marias Katze ist im Zimmer unter dem Bett. Marias Hund ist auch im Zimmer.

6

Nell'auto c'è un uomo. L'uomo ha una mappa. La mappa dell'uomo è grande. Quest'uomo viaggia molto in auto.

In dem Auto ist ein Mann. Der Mann hat eine Karte. Die Karte des Mannes ist groß. Dieser Mann fährt oft Auto.

7

Io sono uno studente. Ho molto tempo libero. Io vado ad una agenzia d'impiego. Ho bisogno di un buon lavoro.

Ich bin Student. Ich habe viel Freizeit. Ich gehe zu einer Arbeitsvermittlung. Ich brauche einen guten Job.

8

Paul e Robert hanno poco tempo libero. Anche loro vanno all'agenzia d'impiego. Paul ha un computer. Forse l'agenzia gli darà un buon lavoro.

Paul und Robert haben ein bisschen freie Zeit. Sie gehen auch zu der Arbeitsvermittlung. Paul hat einen Computer. Die Agentur wird ihm vielleicht eine gute Arbeit geben.

9

Fabia ha una nuova cucina. La cucina di Fabia è bella e pulita. Fabia prepara la colazione per i suoi figli. Maria e Giuseppe sono i figli di Fabia. I figli di Fabia bevono molto tè. La mamma beve un po' di caffè. La mamma di Maria conosce poche parole in tedesco. Lei parla pochissimo tedesco. Fabia ha un lavoro. Lei ha poco tempo libero.

Fabia hat einen neuen Herd. Fabias Herd ist gut und sauber. Fabia macht Frühstück für ihre Kinder. Maria und Giuseppe sind Fabias Kinder. Fabias Kinder trinken viel Tee. Die Mutter trinkt ein bisschen Kaffee. Marias Mutter kann nur ein paar Wörter auf Deutsch. Sie spricht sehr wenig Deutsch. Fabia hat Arbeit. Sie hat wenig Freizeit.

10

Robert parla poco italiano. Robert conosce solo

Robert spricht wenig Italienisch. Robert kennt

poche parole in italiano. Io conosco molte parole in italiano. Io parlo un po' d'italiano. Questa donna conosce molte parole in italiano. Lei sa parlare bene l'italiano.

11

Giorgio lavora in un'agenzia d'impiego. Questa agenzia d'impiego è a Genova. Giorgio ha un'auto. L'auto di Giorgio è sulla strada. Giorgio ha molto lavoro. Lui deve andare all'agenzia. Lui ci va in auto. Giorgio arriva all'agenzia. Lì ci sono molti studenti. Loro hanno bisogno di un lavoro. Il lavoro di Giorgio è aiutare gli studenti.

12

Di fronte all'albergo c'è un'auto. Le porte dell'auto non sono pulite. In questo albergo vivono molti studenti. Le stanze dell'albergo sono piccole ma pulite. Questa è la stanza di Robert. La finestra della stanza è grande e pulita.

nur sehr wenige italienische Wörter. Ich kenne viele italienische Wörter. Ich spreche ein bisschen Italienisch. Diese Frau kennt viele italienische Wörter. Sie spricht gut Italienisch.

11

Giorgio arbeitet in einer Arbeitsvermittlung. Diese Arbeitsvermittlung ist in Genua. Giorgio hat ein Auto. Giorgios Auto steht an der Straße. Giorgio hat viel Arbeit. Er muss in die Agentur gehen. Er fährt mit dem Auto dorthin. Giorgio kommt in die Agentur. Dort sind viele Studenten. Sie brauchen Arbeit. Giorgios Arbeit ist, den Studenten zu helfen.

12

Vor dem Hotel steht ein Auto. Die Türen des Autos sind nicht sauber. In diesem Hotel wohnen viele Studenten. Die Zimmer des Hotels sind klein, aber sauber. Das ist Roberts Zimmer. Das Fenster des Zimmers ist groß und sauber.

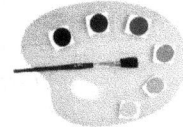

7

Giuseppe compra una bicicletta
Giuseppe kauft ein Fahrrad

 A

Vocaboli
Vokabeln

1. allora, dopo - dann; dopo di questo - danach
2. andare in autobus - mit Bus fahren
3. andare in bicicletta - mit Fahrrad fahren
4. autobus - -r Bus
5. bagno - -s Badezimmer; vasca da bagno - -e Badewanne
6. casa - -s Haus
7. centro - -s Zentrum; centro della città - -s Stadtzentrum
8. coda - -e Schlange
9. con - mit
10. cucina - -e Küche
11. ditta/azienda - -e Firma
12. domenica - Sonntag
13. faccia, viso - -s Gesicht
14. lavandino (piano lavabo, tavolo da bagno)- -s Waschbecken (-r Badezimmertisch)
15. lavare -waschen
16. lavoratore - -r Arbeiter
17. mattina - Morgen
18. merenda/snack/spuntino - -r Imbiss
19. oggi - heute
20. pertanto, quindi - so
21. preparare - machen / vorbereiten; caffettiera - -e Kaffeemaschine
22. sport - -s Sport; negozio di articoli sportivi - -s Sportgeschäft; bicicletta sportiva- -s Sportfahrrad
23. tavolo da bagno - -r Badezimmertisch

24. tempo - -e Zeit; il tempo passa - -e Zeit lauft; due volte - zwei Mal
25. ufficio - -s Büro
26. uno per volta - einer nach dem anderen; grande, abbondante - groß

B

Giuseppe compra una bicicletta

È sabato mattina. Giuseppe va in bagno. Il bagno non è grande. Ci sono una vasca da bagno, una lavatrice e un piano lavabo. Giuseppe si lava il viso. Poi va in cucina. Sul tavolo della cucina c'è una teiera. Giuseppe fa colazione. La colazione di Giuseppe non è abbondante. Poi si fa un caffè con la caffettiera e lo beve. (Lui) oggi vuole andare ad un negozio di articoli sportivi. Giuseppe esce in strada. Prende l'autobus sette. Giuseppe non ci mette molto ad arrivare al negozio con l'autobus.
Giuseppe entra nel negozio di articoli sportivi. (Lui) vuole comprarsi una nuova bicicletta sportiva. Ci sono molte biciclette sportive. Sono nere, blu e verdi. A Giuseppe piacciono le biciclette blu. (Lui) ne vuole comprare una blu. C'è una lunga fila nel negozio. Giuseppe ci mette molto tempo a comprare la bicicletta. Poi esce in strada e si mette sulla bicicletta. Pedala fino in centro. Poi dal centro pedala fino al parco cittadino. È così bello pedalare su una bicicletta sportiva nuova!

È sabato mattina ma Giorgio è nel suo ufficio. Ha molto da fare oggi. C'è una lunga fila davanti all'ufficio di Giorgio. Ci sono molti studenti e lavoratori in fila. Loro hanno bisogno di un lavoro. Uno dopo l'altro entrano nell'ufficio di Giorgio. (Loro) parlano con Giorgio. Poi lui dà loro degli indirizzi di ditte. È ora di fare uno spuntino. Giorgio prepara un po' di caffè con la caffettiera. Mangia il suo spuntino e beve un po' di caffè. Ora non c'è più la fila al suo ufficio. Giorgio può andare a casa. Esce in strada. È una giornata così bella! Giorgio va a casa. Prende i suoi bambini e vanno al parco cittadino. Lì si divertono per un po'.

Giuseppe kauft ein Fahrrad

Es ist Samstagmorgen. Giuseppe geht ins Bad. Das Badezimmer ist nicht groß. Dort gibt es eine Badewanne, eine Waschmaschine und einen Badezimmertisch. Giuseppe wäscht sich das Gesicht. Dann geht er in die Küche. Auf dem Küchentisch steht ein Teekessel. Giuseppe frühstückt. Giuseppes Frühstück ist nicht groß. Dann macht er Kaffee mit der Kaffeemaschine und trinkt ihn. Er will heute in ein Sportgeschäft. Giuseppe geht auf die Straße. Er nimmt den Bus Nr. 7. Giuseppe braucht nicht lange, um mit dem Bus zum Laden zu fahren.
Giuseppe geht in das Sportgeschäft. Er will sich ein neues Sportfahrrad kaufen. Es gibt viele Sportfahrräder. Sie sind schwarz, blau und grün. Giuseppe mag blaue Fahrräder. Er will ein blaues kaufen. Im Laden ist eine Schlange. Giuseppe braucht lange, um das Fahrrad zu kaufen. Dann geht er auf die Straße und fährt mit dem Fahrrad. Er fährt ins Stadtzentrum. Dann fährt er vom Zentrum in den Stadtpark. Es ist so schön, mit einem neuen Sportfahrrad zu fahren!

Es ist Samstagmorgen, aber Giorgio ist in seinem Büro. Er hat heute viel zu tun. Vor Giorgios Büro ist eine Schlange. In der Schlange stehen viele Studenten und Arbeiter. Sie brauchen Arbeit. Sie gehen einer nach dem anderen in Giorgios Büro. Sie sprechen mit Giorgio. Dann gibt er ihnen Adressen von Firmen.
Jetzt ist Zeit für einen Imbiss. Giorgio macht Kaffee mit der Kaffeemaschine. Er isst seinen Imbiss und trinkt Kaffee. Jetzt ist keine Schlange mehr vor seinem Büro. Giorgio kann nach Hause gehen. Er geht auf die Straße. Es ist so ein schöner Tag! Giorgio geht nach Hause. Er holt seine Kinder ab und geht in den Stadtpark. Dort haben sie eine schöne Zeit.

8

Fabia vuole comprare un nuovo DVD
Fabia will eine neue DVD kaufen

 **A**

Vocaboli
Vokabeln

1. amichevole/gentile - freundlich
2. andarsene o lasciare un luogo - weggehen
3. avventura- -s Abenteuer
4. che - dass; Io so che questo libro è interessante. - Ich weiß dass, dieses Buch interessant ist.
5. che, di - als; Giorgio è più vecchio di Fabia. - George ist älter als Fabia.
6. chiedere, domandare - fragen
7. circa - etwa; approssimatamente - circa, ungefähr
8. commesso del negozio - -r Verkäufer
9. dire - sagen
10. DVD - DVD
11. favorito(a), preferito(a) - Lieblings...
12. film - -r Film
13. giovane - jung
14. interessante - interessant
15. lungo/lunga- lang
16. mano - -e Hand
17. molto/molta/molti/molte - viel/viele
18. mostrare - zeigen
19. negozio di video - -e Videothek
20. ora - -e Stunde
21. più - mehr

22. quindici - fünfzehn
23. scatola - -e Kiste
24. tazza - -e Tasse
25. venti - zwanzig
26. videocassette - Videokassetten

B

Fabia vuole comprare un nuovo DVD

Giuseppe e Maria sono i figli di Fabia. Maria è la più giovane. Lei ha cinque anni. Giuseppe è quindici anni maggiore di Maria. Lui ha vent'anni. Maria è molto più giovane di Giuseppe.
Maria, Fabia e Giuseppe sono in cucina. Bevono del tè. La tazza di Maria è grande. La tazza di Fabia è più grande. La tazza di Giuseppe è la più grande.
Fabia ha molte videocassette e DVD con film interessanti. Lei vuole comprare un nuovo film. (Lei) va a un negozio di video. Lì ci sono molte scatole con videocassette e DVD. (Lei) chiede ad un commesso di aiutarla. Il commesso dà a Fabia un paio di film. Fabia vuole sapere di più su questi film, ma il commesso se ne va.
C'è un'altra commessa nel negozio e (lei) è più gentile. (Lei) chiede a Fabia quali sono i suoi film preferiti. A Fabia piacciono i film romantici e quelli di avventura. Il film "Titanic" è il suo preferito. La commessa mostra a Fabia un DVD con l'ultimo film di Hollywood "L'Amico Italiano". Si tratta delle avventure romantiche di un uomo e di una giovane donna in Italia. Lei mostra a Fabia anche un DVD col film "La Ditta". La commessa dice che il film "La Ditta" è uno dei film più interessanti. Ed è anche uno dei più lunghi. Dura più di tre ore. A Fabia piacciono i film lunghi. Lei dice che "Titanic" è il film più lungo ed interessante che abbia. Fabia compra il DVD del film "La Ditta". Ringrazia la commessa e se ne va.

Fabia will eine neue DVD kaufen

Giuseppe und Maria sind Fabias Kinder. Maria ist die Jüngste. Sie ist fünf. Giuseppe ist fünfzehn Jahre älter als Maria. Er ist zwanzig. Maria ist viel jünger als Giuseppe.
Maria, Fabia und Giuseppe sind in der Küche. Sie trinken Tee. Marias Tasse ist groß. Fabias Tasse ist größer. Giuseppes Tasse ist am größten.
Fabia hat viele Videokassetten und DVDs mit interessanten Filmen. Sie will einen neueren Film kaufen. Sie geht in eine Videothek. Dort sind viele Kisten mit Videokassetten und DVDs. Sie bittet einen Verkäufer, ihr zu helfen. Der Verkäufer gibt Fabia ein paar Filme. Fabia will mehr über diese Filme wissen, aber der Verkäufer geht weg.
Es gibt eine andere Verkäuferin im Laden und sie ist freundlicher. Sie fragt Fabia nach ihren Lieblingsfilmen. Fabia mag romantische Filme und Abenteuerfilme. Der Film „Titanic" ist ihr Lieblingsfilm. Die Verkäuferin zeigt Fabia eine DVD mit dem neusten Hollywoodfilm „Der italienische Freund". Er handelt von den romantischen Abenteuern eines Mannes und einer jungen Frau in Italien. Sie zeigt Fabia auch eine DVD mit dem Film „Die Firma". Die Verkäuferin sagt, dass der Film „Die Firma" einer der interessantesten Filme ist. Und auch einer der längsten. Er dauert mehr als drei Stunden. Fabia mag längere Filme. Sie sagt, dass „Titanic" der interessanteste und der längste Film ist, den sie hat. Fabia kauft die DVD mit dem Film „Die Firma". Sie bedankt sich bei der Verkäuferin und geht.

9

Paul ascolta canzoni tedesche
Paul hört deutsche Musik

 A

Vocaboli
Vokabeln

1. Angela - Angela
2. borsa - -e Tasche
3. burro - -e Butter
4. cantare - singen
5. cantante - -r Sänger
6. cappello - -r Hut
7. Carol - Carol
8. chiamare, telefonare - anrufen; chiamare - rufen; call center - -s Callcentre
9. cominciare - beginnen
10. correre - laufen
11. davanti a - vor
12. famiglia - -e Familie
13. frase - -r Satz
14. fuori servizio, non funziona - außer Betrieb sein
15. giorno - -r Tag
16. minuto - -e Minute
17. molto - sehr

18. nome - -r Name; nominare, chiamare - nennen, rufen
19. pane - -s Brot
20. perchè - weil
21. studentato - -s Studentenwohnheim
22. saltare - springen; salto - -r Sprung
23. semplice - einfach
24. telefono - -s Telefon; telefonare - anrufen
25. testa - -s Kopf; capo - -r Chef/ -r Leiter; dirigersi a - sich wenden
26. tutti/ogni - alle
27. vergognarsi - sich schämen; lui si vergogna - er schämt sich
28. vicino - nah

Paul ascolta canzoni tedesche

Carol è una studentessa. (Lei) ha vent'anni. Carol viene dagli Stati Uniti. Lei vive nello studentato. Lei è una ragazza molto carina. Carol indossa un vestito blu. In testa ha un cappello.
Carol vuole telefonare alla sua famiglia oggi. (Lei) va al call center perchè il suo telefono non funziona. Il call center è di fronte al bar. Carol telefona alla sua famiglia. (Lei) parla con sua madre e con suo padre. La telefonata dura circa cinque minuti. Poi (lei) telefona alla sua amica Angela. Questa telefonata dura circa tre minuti.

A Robert piace lo sport. (Lui) va a fare jogging tutte le mattine al parco vicino lo studentato. (Lui) corre anche oggi. Robert fa anche salto in lungo. Salta molto lungo. Paul e Giuseppe corrono e saltano con Robert. Giuseppe salta più lungo. Il salto di Paul è il più lungo. Lui salta meglio di tutti. Poi Robert e Paul corrono allo studentato e Giuseppe corre a casa. Robert fa colazione in camera sua. (Lui) mangia pane e burro. (Lui) prepara il caffè con la caffettiera. Poi imburra il pane e mangia. Robert vive nello studentato di Genova. La sua stanza è vicina a quella di Paul. La stanza di Robert non è grande. È pulita perchè Robert la pulisce tutti i giorni. Nella sua stanza c'è un tavolo, un letto, un paio di sedie ed alcuni altri mobili. I libri ed i quaderni di Robert sono sul tavolo. La sua borsa è sotto il tavolo. Le sedie sono al tavolo. Robert prende alcuni CD in mano e va nella stanza di Paul perchè Paul vuole ascoltare musica tedesca.

Paul hört deutsche Musik

Carol ist Studentin. Sie ist zwanzig. Carol kommt aus den USA. Sie wohnt im Studentenwohnheim. Sie ist ein sehr nettes Mädchen. Carol hat ein blaues Kleid an. Auf dem Kopf hat sie einen Hut. Carol will heute ihre Familie anrufen. Sie geht ins Callcenter, weil ihr Telefon außer Betrieb ist. Das Callcenter ist vor dem Cafè. Carol ruft ihre Familie an. Sie spricht mit ihrer Mutter und ihrem Vater. Der Anruf dauert etwa fünf Minuten. Dann ruft sie ihre Freundin Angela an. Dieser Anruf dauert etwa drei Minuten.

Robert mag Sport. Er geht jeden Morgen im Park in der Nähe des Studentenwohnheims joggen. Heute läuft er auch. Er springt auch. Er springt sehr weit. Paul und Giuseppe laufen und springen mit Robert. Giuseppe springt weiter. Paul springt am weitesten. Er springt am besten von allen. Dann laufen Robert und Paul zum Studentenwohnheim und Giuseppe nach Hause. Robert frühstückt in seinem Zimmer. Er isst Brot und Butter. Er macht Kaffee mit der Kaffeemaschine. Dann bestreicht er das Brot mit Butter und isst.
Robert wohnt im Studentenwohnheim in Genua. Sein Zimmer ist in der Nähe von Pauls Zimmer. Roberts Zimmer ist nicht groß. Es ist sauber, weil Robert es jeden Tag sauber macht. In seinem Zimmer stehen ein Tisch, ein Bett, ein paar Stühle und ein paar andere Möbel. Roberts Bücher und Notizbücher liegen auf dem Tisch. Seine Tasche ist unter dem Tisch. Die Stühle stehen am Tisch. Robert nimmt ein paar CDs in die Hand und geht zu Pauls Zimmer, weil Paul

Paul è nella sua stanza seduto al tavolo. Il suo gatto è sotto il tavolo. C'è un po' di pane davanti al gatto. Il gatto mangia il pane. Robert dà i CD a Paul. Sui CD è registrata la miglior musica tedesca. Paul vuole conoscere anche i nomi dei cantanti tedeschi. Robert gli nomina i suoi cantanti favoriti. (Lui) nomina Jan Delay, Nena e Herbert Grönemeyer. Questi nomi sono nuovi per Paul.

(Lui) ascolta i CD e poi comincia a cantare le canzoni tedesche! Gli piacciono molto le canzoni. Paul chiede a Robert di scrivere il testo delle canzoni. Robert scrive i testi delle migliori canzoni tedesche per Paul. Paul dice che vuole imparare il testo di alcune canzoni e chiede a Robert di aiutarlo. Robert aiuta Paul a imparare i testi tedeschi. Ci mette molto tempo perché Robert non parla bene l'italiano. Robert si vergogna. Non riesce neanche a dire frasi semplici! Poi Robert se ne va nella sua stanza a studiare italiano.

deutsche Musik hören will.
Paul sitzt in seinem Zimmer am Tisch. Seine Katze ist unter dem Tisch. Vor der Katze liegt etwas Brot. Die Katze isst das Brot. Robert gibt Paul die CDs. Auf den CDs ist die beste deutsche Musik. Paul will auch die Namen der deutschen Sänger wissen. Robert nennt seine Lieblingssänger. Er nennt Jan Delay, Nena und Herbert Grönemeyer. Diese Namen sind Paul neu.
Er hört die CDs an und beginnt dann, die deutschen Lieder zu singen! Ihm gefallen die Lieder sehr. Paul bittet Robert, den Text der Lieder aufzuschreiben. Robert schreibt die Texte der besten deutschen Lieder für Paul auf. Paul sagt, dass er die Texte von ein paar Liedern lernen will, und bittet Robert um Hilfe. Robert hilft Paul, die deutschen Texte zu lernen. Es dauert sehr lange, weil Robert nicht gut Italienisch spricht. Robert schämt sich. Er kann nicht einmal ein paar einfache Sätze sagen! Dann geht Robert in sein Zimmer und lernt Italienisch.

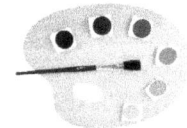

10

Paul compra libri di testo di design
Paul kauft Fachbücher über Design

A

Vocaboli
Vokabeln

1. (di) loro - ihre/r
2. addio, ciao - tschüß
3. bene - gut
4. ciao - hallo
5. tipo - -e Art
6. costare - kosten
7. design - Design
8. euro - Euro
9. eleggere, scegliere - wählen
10. fotografia - -s Bild
11. gli - ihm
12. guardare - anschauen
13. lezione - -e Lektion
14. libro (di testo) - -s Fachbuch
15. lingua - -e Sprache
16. lingua nativa - -e Muttersprache
17. pagare - zahlen
18. programma - -s Programm
19. qualcuno/qualcuna/qualche - einige
20. realmente, molto - wirklich
21. sabato - Samstag
22. solo/unicamente - nur
23. spiegare - erklären
24. studiare - lernen
25. università - -e Universität
26. vedere - sehen
27. vicino(a) - in der Nähe (von)

B

Paul compra libri di testo di design

Paul è canadese e la sua lingua madre è l'inglese. (Lui) studia design all'Università di Genova.
Oggi è sabato e Paul ha molto tempo libero. Lui vuole comprare alcuni libri di design. (Lui) si dirige alla libreria vicina. Lì potrebbero avere dei libri di testo di design. (Lui) entra nella libreria e guarda il tavolo con i libri. Una donna si avvicina a Paul. (Lei) è la commessa della libreria.
"Salve, posso aiutarla?" gli domanda la commessa.
"Salve", dice Paul, "Io studio design all'università. Ho bisogno di alcuni libri di testo. (Lei) ha qualche libro di design?" domanda Paul.
"Che tipo di design? (Noi) abbiamo libri di testo sul design di mobili, di automobili, di sport, di internet", gli spiega lei.
"Può farmi vedere dei libri di testo di design di mobili e di internet?" chiede Paul.
"Può scegliere da sè i libri da questi tavoli. Li guardi. Questo è un libro di un disegnatore di mobili italiano, Palatino. Questo disegnatore spiega il design dei mobili italiani. (Lui) spiega anche il design dei mobili d'Europa e Stati Uniti. Nel libro ci sono alcune belle fotografie", spiega la commessa.
"Vedo che il libro propone anche degli esercizi. Questo libro è veramente ben fatto. Quanto costa?" domanda Paul.
"Costa cinquantadue euro. E con il libro c'è un CD. Sul CD c'è un programma per design di mobili", dice la commessa.
"Mi piace molto", dice Paul.
"Là può vedere dei libri di testo di web-design", gli spiega la donna. "Questo libro tratta il programma Microsoft Office. E questi libri trattano il programma Flash. Guardi questo libro rosso. Parla di Flash e contiene alcune lezioni interessanti. Ne cerchi qualcuno".

Paul kauft Fachbücher über Design

Paul ist Kanadier und seine Muttersprache ist Englisch. Er studiert Design an der Universität in Genua.
Heute ist Samstag und Paul hat viel Freizeit. Er will ein paar Bücher über Design kaufen. Er geht zum Buchladen in der Nähe. Der könnte Fachbücher über Design haben. Er kommt in den Laden und betrachtet den Tisch mit Büchern. Eine Frau kommt zu Paul. Sie ist eine Verkäuferin.
„Hallo, kann ich Ihnen helfen?", fragt ihn die Verkäuferin.
„Hallo", sagt Paul. „Ich studiere Design an der Universität. Ich brauche ein paar Fachbücher. Haben Sie irgendwelche Fachbücher über Design?", fragt Paul.
„Welche Art von Design? Wir haben Fachbücher über Möbeldesign, Autodesign, Sportdesign oder Internetdesign", erklärt sie ihm.
„Können Sie mir Fachbücher über Möbeldesign und Internetdesign zeigen?", fragt Paul.
„Sie können sich Bücher von den nächsten Tischen aussuchen. Schauen Sie sie sich an. Dies ist ein Buch von dem italienischen Möbeldesigner Palatino. Dieser Designer erklärt das Design italienischer Möbel. Er erklärt auch europäisches und amerikanisches Möbeldesign. In dem Buch sind einige gute Bilder", erklärt die Verkäuferin.
„Ich sehe, dass das Buch auch Aufgaben enthält. Dieses Buch ist wirklich gut. Wie viel kostet es?", fragt Paul.
„Es kostet zweiundfünfzig Euro. Und mit dem Buch kommt eine CD. Auf der CD ist ein Computerprogramm für Möbeldesign", sagt die Verkäuferin.
„Das gefällt mir wirklich", sagt Paul.
„Dort können Sie sich ein paar Fachbücher über Internetdesign anschauen", erklärt ihm die Frau. „Dieses Buch ist über das Computerprogramm Microsoft Office. Und diese Bücher sind über das Computerprogramm Flash. Schauen Sie sich dieses rote Buch an. Es ist über Flash und es enthält einige interessante Lektionen. Suchen Sie sich eins aus."

"Quanto costa il libro rosso?" domanda Paul.
"Questo libro, con due CD, costa solo quarantatré euro", dice la commessa.
"Vorrei il libro di Palatino sul design di mobili e il libro rosso su Flash. Quanto devo pagare per entrambi?" domanda Paul.
"Deve pagare novantacinque euro per questi due libri", dice la commessa.
Paul paga. Poi prende i libri e i CD.
"Arrivederci", gli dice la commessa.
"Arrivederci", risponde Paul ed esce.

„Wie viel kostet das rote Buch?", fragt Paul.
„Dieses Buch mit zwei CDs kostet nur dreiundvierzig Euro", sagt die Verkäuferin.
„Ich möchte das Buch von Palatino über Möbeldesign und das rote Buch über Flash kaufen. Wie viel muss ich dafür zahlen?", fragt Paul.
„Sie müssen fünfundneunzig Euro für diese zwei Bücher zahlen", sagt die Verkäuferin.
Paul zahlt. Dann nimmt er die Bücher und die CDs.
„Tschüss", sagt die Verkäuferin zu ihm.
„Tschüss", sagt Paul und geht.

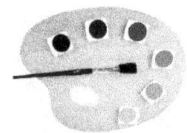

11

Robert vuole guadagnare un po' di soldi (parte 1)
Robert will ein bisschen Geld verdienen (Teil 1)

A

Vocaboli
Vokabeln

1. camion - -r Laster
2. capire/comprendere - verstehen
3. caricare - laden; magazziniere (addetto al carico/scarico) - -r Verlader
4. comune - normal; normalmente - normalerweise
5. continua - Fortsetzung folgt
6. d'accordo, bene - okay, nah gut
7. dipartimento del personale - -e Personalabteilung
8. dopo - nach
9. duro - schwer
10. è per questo - deswegen
11. energia - -e Energie
12. finale - End-; finire - enden
13. giorno - -r Tag; giornaliero - täglich
14. guadagnare/percepire - verdienen; Io guadagno 10 euro l'ora - Ich verdiene 10 Euro pro Stunde.
15. in punto - Punkt; Sono le due in punto. - Es ist Punkt zwei Uhr
16. lista - -e Liste

17. migliore, meglio - besser
18. nota - -e Note
19. numero - -r Nummer
20. ora - -e Stunde; all'ora - pro Stunde/ stündlich
21. parte - -e Seite
22. perchè? - warum?
23. rapidamente - schnell
24. rapido, svelto - schnell
25. risposta - -e Antwort; rispondere - antworten
26. scatola - -e Kiste
27. trasporto - -r Transport
28. uno in più - ein mehr
29. visto che - da

 B

Robert vuole guadagnare un po' di soldi (parte 1)

Ogni giorno dopo l'università Robert ha del tempo libero. (Lui) vuole guadagnare un po' di soldi. Va in un'agenzia di lavoro. (Loro) gli danno l'indirizzo di una ditta di trasporti. La ditta di trasporti Rapid ha bisogno di un magazziniere (addetto al carico/scarico). Questo lavoro è veramente duro. Ma (loro) pagano undici euro l'ora. Robert vuole ottenere il lavoro. Quindi va all'ufficio della ditta di transporti.
"Buongiorno. Ho un appunto per voi da parte di un'agenzia di lavoro", dice Robert a una donna dell'ufficio risorse umane della ditta. (Lui) le dà l'appunto.
"Buongiorno", dice la donna. "Il mio nome è Virginia Lopez. Io sono la direttrice dell'ufficio risorse umane. Qual è il suo nome?"
"Mi chiamo Robert Genscher", dice Robert.
"(Lei) è italiano?" domanda Virginia.
"No, (io) sono tedesco", risponde Robert.
"Sa parlare e scrivere bene l'italiano?" domanda lei.
"Sì", dice lui.
"Quanti anni ha?" domanda lei.
"Io ho vent'anni", risponde Robert.
"Desidera lavorare nella ditta di trasporti come magazziniere?" gli domanda la direttrice dell'ufficio risorse umane.
Robert si vergogna a dire che non può avere un lavoro migliore perchè non sa parlare bene l'italiano. Quindi dice: "(Io) voglio guadagnare undici euro l'ora".

Robert will ein bisschen Geld verdienen (Teil 1)

Robert hat jeden Tag nach der Universität freie Zeit. Er will ein bisschen Geld verdienen. Er geht in eine Arbeitsvermittlung. Sie geben ihm die Adresse einer Transportfirma. Die Transportfirma Rapid braucht einen Verlader. Diese Arbeit ist wirklich schwer. Aber sie bezahlen elf Euro pro Stunde. Robert will den Job annehmen. Also geht er zum Büro der Transportfirma.
„Hallo. Ich habe eine Notiz für Sie von einer Arbeitsvermittlung", sagt Robert zu einer Frau in der Personalabteilung der Firma. Er gibt ihr die Notiz.
„Hallo", sagt die Frau. „Ich bin Virginia Lopez. Ich bin die Leiterin der Personalabteilung. Wie heißen Sie?"
„Ich heiße Robert Genscher", sagt Robert.
„Sind Sie Italiener?", fragt Virginia.
„Nein, ich bin Deutscher", antwortet Robert.
„Können Sie gut Italienisch sprechen und schreiben?", fragt sie.
„Ja", sagt er.
„Wie alt sind Sie?", fragt sie.
„Ich bin zwanzig", antwortet Robert.
„Wollen Sie in der Transportfirma als Verlader arbeiten?", fragt ihn die Leiterin der Personalabteilung.
Robert schämt sich, zu sagen, dass er keine bessere Arbeit haben kann, weil er nicht gut Italienisch spricht. Deswegen sagt er: „Ich möchte elf Euro pro Stunde verdienen."

"Ok, bene", dice Virginia. "La nostra ditta di trasporti normalmente non ha molto lavoro di carico/scarico. Ma adesso abbiamo veramente bisogno di un magazziniere in più. (Lei) riesce a caricare rapidamente scatole da 20 chilogrammi di peso?"
"Sì, posso. Ho molta energia", risponde Robert.
"(Noi) abbiamo bisogno di un magazziniere per tre ore al giorno. (Lei) può lavorare dalle quattro alle sette?" domanda lei.
"Sì, la mia lezione finisce all'una", risponde lo studente.
"Quando può cominciare a lavorare?" gli domanda la direttrice dell'ufficio risorse umane.
"Io posso cominciare adesso", replica Robert.
"Bene. Guardi questa lista di carico. Ci sono nomi di ditte e negozi", spiega Virginia.
"Accanto ad ogni ditta e ogni negozio ci sono dei numeri. Sono i numeri delle scatole. E questi sono i numeri dei camion su cui vanno caricate le scatole. I camion arrivano e ripartono ogni ora. Per questo deve lavorare rapidamente. D'accordo?"
"D'accordo", risponde Robert, senza capire bene Virginia.
"Adesso prenda questa lista di carico e vada al punto di carico numero tre", dice la direttrice dell'ufficio risorse umane a Robert. Robert prende la lista di carico e va a lavorare.

(continua)

„Na gut", *sagt Virginia.* *„Normalerweise hat unsere Transportfirma nicht viel Verladearbeit. Aber gerade brauchen wir wirklich noch einen Verlader. Können Sie schnell Kisten mit zwanzig Kilogramm Ladung verladen?"*

„Ja, das kann ich. Ich habe viel Energie", antwortet Robert.
„Wir brauchen einen Verlader für drei Stunden täglich. Können Sie von vier bis sieben Uhr arbeiten?", fragt sie.
„Ja, mein Unterricht endet um ein Uhr", antwortet der Student.
„Wann können Sie anfangen zu arbeiten?", fragt ihn die Leiterin der Personalabteilung.
„Ich kann jetzt anfangen", erwidert Robert.
„Gut. Schauen Sie sich diese Ladeliste an. Dort stehen Namen von Firmen und Läden", erklärt Virginia. „Bei jeder Firma und jedem Laden stehen ein paar Nummern. Das sind die Nummern der Kisten. Und das sind die Nummern der Lastwägen, auf die Sie die Kisten laden müssen. Die Lastwagen kommen und gehen stündlich. Sie müssen also schnell arbeiten. Alles klar?"
„Alles klar", antwortet Robert, ohne Virginia richtig zu verstehen.
„Nehmen Sie jetzt diese Ladeliste und gehen Sie zur Ladetür Nummer drei", sagt die Leiterin der Personalabteilung zu Robert. Robert nimmt die Ladeliste und geht arbeiten.

(Fortsetzung folgt)

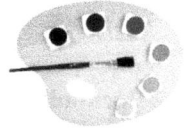

12

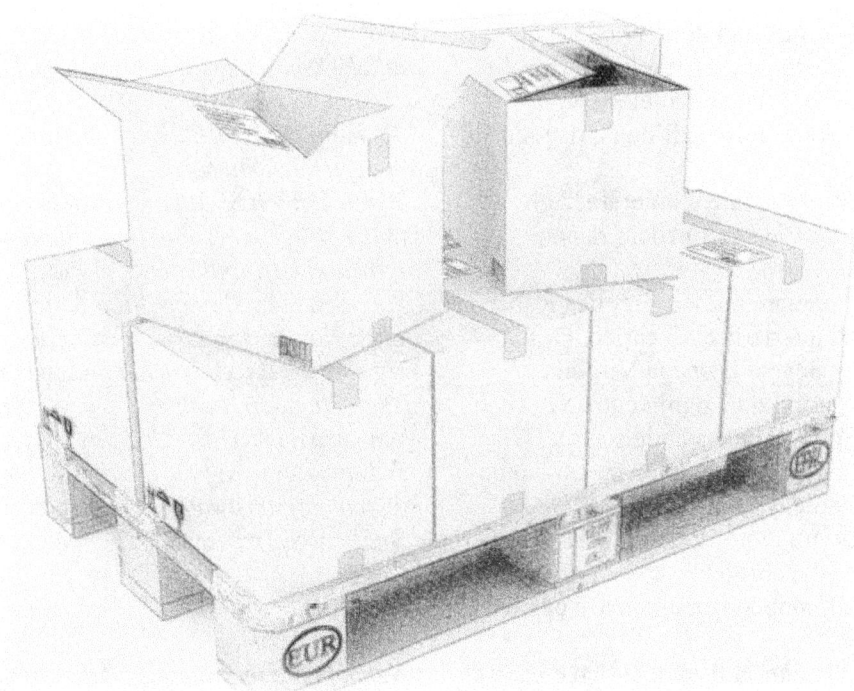

Robert vuole guadagnare un po' di soldi (parte 2)
Robert will ein bisschen Geld verdienen (Teil 2)

A

Vocaboli
Vokabeln

1. al posto di, invece - anstelle (von); al tuo posto - für sie
2. alzarsi - aufstehen; Alzati! - Steh auf!
3. camminare - laufen
4. cattivo/cattiva - schlecht
5. conoscere - kennenlernen
6. contento(a) - froh
7. corretto - richtig; correttamente - richtig/gut; incorrettamente - falsch/schlecht
8. migliorare - verbessern
9. dietro - zurück
10. far dispiacere - jm Leid tun; Mi dispiace. - Es tut mir Leid.
11. figlio - -r Sohn
12. guidare - fahren; conducente - -r Fahrer
13. loro - ihr
14. lunedí - Montag
15. mamma, madre - Mama, -e Mutter
16. odiare - hassen

17. portare - bringen;
18. professore/professoressa, maestro/maestra - -r Lehrer / -e Lehrerin
19. qui (un luogo) - hier (ein Ort); di qui, di qua (direzione) - hierher (Einrichtung); è qui/eccolo qui - hier ist er/es!
20. ragione - -r Grund
21. signore, Sig. - Herr, Hr
22. tuo, tuoi - dein/e

B

Robert vuole guadagnare un po' di soldi (parte 2)

Al punto di carico numero tre ci sono molti camion. Tornano con il loro carico. La direttrice dell'ufficio risorse umane e il titolare della ditta vengono lì. (Loro) vanno da Robert. Robert carica le scatole sui camion. (Lui) lavora velocemente.
"Ehi, Robert! Per favore, venga qui", lo chiama Virginia. "Questo è il titolare della ditta, il Sig. Tani".
"Piacere di conoscerla", dice Robert andando verso di loro.
"Anche per me", risponde il Sig. Tani, "Dov'è la sua lista di carico?"
"Eccola qui", Robert gli dà la lista di carico.
"Ok, bene", dice il Sig. Tani guardando la lista. "Vede questi camion? Riportano indietro il carico perchè Lei ha caricato le scatole in modo sbagliato. Le scatole con i libri sono state portate ad un negozio di mobili invece che a una libreria, le scatole con le videocassette e i DVD ad un bar invece che alla videoteca e le scatole con i panini alla videoteca invece che al bar! Questo è un lavoro malfatto! Mi dispiace ma Lei non può lavorare nella nostra ditta", dice il Sig. Tani e torna nel suo ufficio.
Robert non sa caricare le scatole correttamente perchè (lui) sa leggere e capire poco l'italiano. Virginia lo guarda. Robert si vergogna.
"Robert, (tu) puoi migliorare il tuo italiano e tornare. Va bene?" dice Virginia.
"Va bene", risponde Robert, "Arrivederci Virginia".
"Arrivederci Robert", risponde Virginia.

Robert will ein bisschen Geld verdienen (Teil 2)

An der Ladetür Nummer 3 stehen viele Lastwagen. Sie kommen mit ihrer Ladung zurück. Die Leiterin der Personalabteilung und der Firmenchef kommen dorthin. Sie gehen zu Robert. Robert lädt Kisten in einen Lastwagen. Er arbeitet schnell.

„Hey Robert! Komm bitte hierher!", ruft Virginia. „Das ist der Chef der Firma, Herr Tani."
„Es freut mich, Sie kennenzulernen", sagt Robert auf sie zugehend.
„Mich auch", antwortet Hr. Tani. „Wo ist Ihre Ladeliste?"
„Hier ist sie", Robert gibt ihm die Ladeliste.
„Na gut", sagt Hr. Tani, während er auf die Liste schaut. „Sehen Sie diese Lastwagen? Sie bringen ihre Fracht zurück, weil Sie die Kisten falsch verladen haben. Die Kisten mit Büchern werden zu einem Möbelladen gebracht anstelle von einem Buchladen, die Kisten mit Videos und DVDs zu einem Cafè anstelle von einer Videothek und die Kisten mit Sandwiches zu einer Videothek anstelle von einem Cafè! Das ist schlechte Arbeit! Es tut mir leid, aber Sie können nicht in unserer Firma arbeiten", sagt Hr. Tani und geht zurück in sein Büro.
Robert kann die Kisten nicht richtig verladen, weil er nur sehr wenig Italienisch lesen und verstehen kann. Virginia sieht ihn an. Robert schämt sich.

„Robert, du kannst dein Italienisch verbessern und dann wiederkommen, ok?", sagt Virginia.
„Ok", antwortet Robert. „Tschüss Virginia."
„Tschüss Robert", antwortet Virginia.
Robert geht nach Hause. Er will jetzt sein

Robert va a casa. Ora vuole migliorare il suo italiano e poi cercarsi un nuovo lavoro.

Italienisch verbessern und sich dann eine neue Arbeit suchen.

È ora di andare all'Università

Es ist an der Zeit, in die Uni zu gehen

È lunedí mattina, una mamma entra nella stanza per svegliare suo figlio.
"Alzati, sono le sette. È ora di andare all'università!"
"Ma perchè, mamma? Io non voglio andare".
"Dammi due motivi per i quali (tu) non vuoi andare", dice la mamma al figlio.
"Gli studenti mi odiano e i professori anche!"
"Oh, quelli non sono motivi per non andare all'università. Alzati!"
"Ok. Dammi due motivi per i quali devo andare all'università", dice lui a sua mamma.
"Beh, primo perchè hai cinquantacinque anni. E secondo, perchè (tu) sei il rettore dell'università! Alzati subito!"

An einem Montagmorgen kommt eine Mutter ins Zimmer, um ihren Sohn aufzuwecken.
„Steh auf, es ist sieben Uhr. Es ist an der Zeit, in die Uni zu gehen!"
„Aber warum, Mama? Ich will nicht gehen."
„Nenne mir zwei Gründe, warum du nicht gehen willst", sagt die Mutter zu ihrem Sohn.
„Die Studenten hassen mich und die Lehrer auch!"

„Oh, das sind keine Gründe, um nicht in die Uni zu gehen. Steh auf!"
„Ok. Nenn mir zwei Gründe, warum ich in die Uni muss", sagt er zu seiner Mutter.
„Gut, einerseits, weil du fünfundfünfzig Jahre alt bist. Und andererseits, weil du der Direktor der Universität bist! Steh jetzt auf!"

Fortgeschrittene Anfänger Stufe A2

13

Il nome dell'albergo
Der Name des Hotels

Vocaboli

1. adesso, ora - jetzt
2. allora, dopo - dann
3. alzarsi, stare in piedi - (auf)stehen
4. annuncio - -e Anzeige
5. aprire - öffnen
6. arrabbiato - wütend
7. ascensore - -r Aufzug
8. attorno, intorno - herum/um
9. attraverso - durch
10. camminare - laufen
11. cammino - -r Weg
12. dormire - schlafen
13. fermare - halten
14. finale - letzte
15. Ford - Ford
16. fuori - draußen
17. fuori da - hinaus
18. già - schon
19. incontrare - treffen
20. Kasper - Kasper (Name)
21. lago - -r See
22. lontano - fern
23. migliore - besser/am besten
24. mostrare - zeigen
25. notte - -e Nacht
26. passato - -e Vergangenheit
27. piede - -r Fuß; a piedi - zu Fuß
28. Polonia - Polen
29. ponte - -e Brücke
30. scemo - dumm
31. sera - -s Abend

32. sorpresa - -e Überraschung; sorprendere - überraschen; sorpreso - verwundert
33. sorriso - -s Lächeln; sorridere - lächeln
34. sotto - unter
35. stanco - müde
36. tassì - -r Taxi; tassista - -r Taxifahrer
37. un altro - ein andere
38. un'altra volta - wieder
39. vedere - sehen

B

Il nome dell'albergo

Questo è uno studente. Si chiama Kasper. Kasper viene dalla Polonia. (Lui) non sa parlare italiano. Vuole imparare l'italiano all'università in Italia. Al momento Kasper vive in un albergo a Genova.
Ora (lui) è nella sua stanza. Guarda una mappa della città. Questa mappa è molto bella. Kasper vede le strade, le piazze e i negozi sulla mappa. (Lui) esce dalla stanza ed attraversa un lungo corridoio fino all'ascensore. L'ascensore lo porta giú. Kasper attraversa la grande hall ed esce dall'albergo. Si ferma vicino all'albergo e scrive il nome dell'albergo sul suo quaderno. Vicino all'albergo c'è una piazza rotonda ed un lago. Kasper attraversa la piazza verso il lago. Costeggia il lago verso il ponte. Molte macchine, camion e persone attraversano il ponte. Kasper va sotto il ponte. Poi percorre una strada verso il centro città. Passa davanti a molti edifici belli.
È già sera. Kasper è stanco e vuole tornare all'albergo. Ferma un tassì, apre il suo quaderno e fa vedere il nome dell'albergo al tassista. Il tassista guarda il quaderno, sorride e se ne va. Kasper non capisce. Rimane lì a guardare il suo quaderno. Poi ferma un altro tassì e mostra il nome dell'albergo al tassista un'altra volta. Il tassista guarda il quaderno. Poi guarda Kasper, sorride e se ne va anche lui.
Kasper è meravigliato. (Lui) ferma un altro tassì. Ma anche questo tassista se ne va. Kasper non riesce a capire. (Lui) è meravigliato e arrabbiato. Però non è scemo. Apre la sua mappa e trova la strada per tornare all'albergo. Torna a piedi all'albergo.

Der Name des Hotels

*Das ist ein Student. Er heißt Kasper. Kasper kommt aus Polen. Er spricht kein Italienisch. Er will an einer Universität in Italien Italienisch lernen. Kasper wohnt zur Zeit in einem Hotel in Genua. Gerade ist er in seinem Zimmer. Er schaut auf die Karte. Diese Karte ist sehr gut. Kasper sieht Straßen, Plätze und Läden auf der Karte. Er geht aus dem Zimmer und durch den langen Gang zum Aufzug. Der Aufzug bringt ihn nach unten. Kasper geht durch die große Halle und aus dem Hotel. Er hält in der Nähe des Hotels an und schreibt den Namen des Hotels in sein Notizbuch.
Beim Hotel gibt es einen runden Platz und einen See. Kasper geht über den Platz zum See. Er geht um den See zur Brücke. Viele Autos, Lastwagen und Menschen überqueren die Brücke. Kasper geht unter der Brücke hindurch. Dann geht er eine Straße entlang zum Stadtzentrum. Er geht an vielen schönen Gebäuden vorbei.*

*Es ist schon Abend. Kasper ist müde und will zurück ins Hotel gehen. Er hält ein Taxi an, öffnet dann sein Notizbuch und zeigt dem Taxifahrer den Namen des Hotels. Der Taxifahrer schaut in das Notizbuch, lächelt und fährt weg. Kasper versteht nichts. Er steht da und schaut in sein Notizbuch. Dann hält er ein anderes Taxi an und zeigt dem Taxifahrer wieder den Namen des Hotels. Der Fahrer schaut in das Notizbuch. Dann schaut er Kasper an, lächelt und fährt auch weg.
Kasper ist verwundert. Er hält ein anderes Taxi an. Aber auch dieser Taxifahrer fährt weg. Kasper kann das nicht verstehen. Er ist verwundert und wütend. Aber er ist nicht dumm. Er öffnet seine Karte und findet den Weg zum Hotel. Er kehrt zu Fuß zum Hotel zurück.*

È notte. Kasper è nel suo letto. (Lui) dorme. Le stelle guardano la stanza attraverso la finestra. Il quaderno è sul tavolo. È aperto. "Ford è l'auto migliore". (Questo) non è il nome dell'albergo. (Questo) è un annuncio pubblicitario sull'edificio dell'albergo.

Es ist Nacht. Kasper ist in seinem Bett. Er schläft. Die Sterne schauen durch das Fenster ins Zimmer. Das Notizbuch liegt auf dem Tisch. Es ist offen. „Ford ist das beste Auto". Das ist nicht der Name des Hotels. Das ist Werbung am Hotelgebäude.

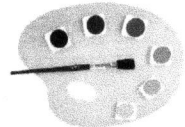

14

Aspirina
Aspirin

Vocaboli

1. aspirina - -e Aspirin
2. aula - -e Klasse
3. banco/scrivania/tavolo - -r Tisch
4. bianco/bianca - weiß
5. carta - -s Papier
6. cercare, provare - versuchen
7. certo - natürlich
8. chimica - Chemie
9. chimico - chemisch (adj); prodotti chimici- Chemikalien
10. compito/missione - -e Aufgabe
11. cristallo - -r Kristall
12. dieci - zehn
13. esame, prova - -e Prüfung; esaminare, provare - prüfen
14. essere promosso - -e Prüfung bestehen
15. foglio (di carta)- -s Blatt (Papier)
16. grigio - grau
17. in un'ora - in eine Stunde; all'una in punto - um Punkts eins
18. intelligente - intelligent
19. l'ultimo, lo scorso - letzt; durare fino - dauern bis...
20. meraviglioso - wunderbar
21. mezza/mezzo - halb
22. orologio - -e Uhr
23. ottenere - herausbekommen, arrivare a - kommen (an)
24. passato - gegangen; alle otto e mezza - um halb neun

25. pensare - denken
26. per - für
27. pertanto - deshalb / daher
28. pillola - -e Tablette
29. puzzolente - stinkend
30. qualcosa/qualche - etwas
31. qualcuno/qualcuna - jemand
32. quello/quella - der/die
33. ragazzo - -r Junge
34. residenza per studenti - -s Studentenwohnheim
35. riposo, pausa - -e Pause
36. sedersi - sich setzen
37. spesso, frequente - oft

B

Aspirina

Questo è un amico di Robert. Si chiama Paul. Paul viene dal Canada. La sua lingua madre è l'inglese. (Lui) sa parlare molto bene anche l'italiano. Paul vive nello studentato. Paul è nella sua stanza in questo momento. Paul ha un esame di chimica oggi. (Lui) guarda il suo orologio. Sono le otto. È ora di andare.
Paul esce. (Lui) va all'università. L'università è vicina allo studentato. Ci vogliono circa dieci minuti per arrivare all'università. Paul arriva all'aula. Apre la porta e guarda dentro la classe. Ci sono alcuni studenti e il professore. Paul entra in classe.
"Salve", dice lui.
"Salve", rispondono il professore e gli studenti.
Paul va verso il suo banco e si siede. L'esame comincia alle otto e mezza. Il professore va verso il banco di Paul.
"Ecco qui il tuo compito", dice il professore. Poi dà a Paul un foglio con il compito. "Devi produrre un'aspirina. Puoi lavorare dalle otto e mezza fino alle dodici. Comincia, per favore", dice il professore.
Paul sa come eseguire il compito. Prende alcuni prodotti chimici e incomincia. Lavora per dieci minuti. Alla fine ottiene qualcosa di grigio e puzzolente. (Questa) non è un'aspirina ben fatta. Paul sa che deve ottenere grandi cristalli bianchi di aspirina. Allora (lui) prova ancora e ancora. Paul lavora per un'ora ma ottiene di nuovo una sostanza grigia e puzzolente.

Aspirin

Das ist ein Freund von Robert. Er heißt Paul. Paul kommt aus Kanada. Seine Muttersprache ist Englisch. Er spricht auch sehr gut Italienisch. Paul wohnt im Studentenwohnheim. Paul ist gerade in seinem Zimmer. Paul hat heute eine Prüfung in Chemie. Er schaut auf die Uhr. Es ist acht Uhr. Es ist an der Zeit, zu gehen.

Paul geht nach draußen. Er geht zur Universität. Die Uni ist in der Nähe des Wohnheims. Er braucht etwa zehn Minuten bis zur Uni. Paul kommt zum Klassenzimmer. Er öffnet die Tür und schaut ins Klassenzimmer. Einige Studenten und der Lehrer sind da. Paul betritt das Klassenzimmer.

„Hallo", sagt er.
„Hallo", antworten der Lehrer und die Studenten. Paul geht zu seinem Schreibtisch und setzt sich hin. Die Prüfung beginnt um halb neun. Der Lehrer kommt zu Pauls Tisch.

„Hier ist deine Aufgabe", sagt der Lehrer. Dann gibt er Paul ein Blatt Papier mit der Aufgabe. „Du musst Aspirin herstellen. Du kannst von halb neun bis zwölf Uhr arbeiten. Fang bitte an", sagt der Lehrer.
Paul weiß, wie diese Aufgabe geht. Er nimmt einige Chemikalien und beginnt. Er arbeitet zehn Minuten lang. Das Ergebnis ist grau und stinkt. Das ist nicht gutes Aspirin. Paul weiß, dass er große, weiße Aspirinkristalle erhalten muss. Dann versucht er es wieder und wieder. Paul arbeitet eine Stunde lang, aber das Ergebnis ist wieder grau und stinkend.

Paul è arrabbiato e stanco. Non riesce a capire. Fa una pausa e ci pensa un po' su. Paul è intelligente. Ci pensa per qualche minuto e poi trova la soluzione! Si alza.
"Posso fare una pausa di dieci minuti?" domanda (lui) al professore.
"Sì, certo", risponde il professore.
Paul esce. Trova una farmacia vicino all'Università. Entra e compra alcune pastiglie di aspirina. Dopo dieci minuti torna in classe. Gli studenti sono seduti e stanno lavorando. Paul si siede.
"Posso finire l'esame?" chiede Paul al professore dopo cinque minuti.
Il professore va verso il banco di Paul. Vede dei cristalli grandi e bianchi di aspirina. Il professore è sorpreso. Si ferma e guarda l'aspirina per un minuto.
"È meraviglioso! La tua aspirina è magnifica! Ma non riesco a capire! Provo sovente a ricreare l'aspirina ma tutto ciò che ottengo è una sostanza grigia e puzzolente", dice il professore. "Hai superato l'esame".
Dopo l'esame Paul se ne va. Il professore vede qualcosa di bianco sul banco di Paul. Va verso il banco e trova la busta delle aspirine.
"Furbo il ragazzo. Molto bene Paul, ora hai un problema", dice il professore.

Paul ist wütend und müde. Er kann es nicht verstehen. Er macht eine Pause und denkt ein bisschen nach. Paul ist intelligent. Er denkt ein paar Minuten nach und findet dann die Lösung! Er steht auf.
„Kann ich zehn Minuten Pause machen?", fragt er den Lehrer.
„Ja, natürlich", antwortet der Lehrer.
Paul geht nach draußen. Er findet eine Apotheke in der Nähe der Uni. Er geht hinein und kauft ein paar Tabletten Aspirin. Nach zehn Minuten kommt er zurück ins Klassenzimmer. Die Studenten sitzen da und arbeiten. Paul setzt sich hin.
„Kann ich die Prüfung beenden?", fragt Paul den Lehrer nach fünf Minuten.
Der Lehrer kommt zu Pauls Tisch. Er sieht große, weiße Aspirinkristalle. Der Lehrer ist überrascht. Er bleibt stehen und schaut eine Weile auf das Aspirin.
„Wunderbar! Dein Aspirin ist gut! Aber ich kann das nicht verstehen! Ich versuche oft, Aspirin herzustellen, aber alles, was ich herausbekomme, ist grau und stinkt", sagt der Lehrer. „Du hast die Prüfung bestanden."
Paul geht nach der Prüfung weg. Der Lehrer sieht etwas Weißes auf Pauls Tisch. Er geht zum Tisch und findet das Papier der Aspirintabletten.
„Intelligenter Junge. Na ja, Paul, jetzt hast du ein Problem", sagt der Lehrer.

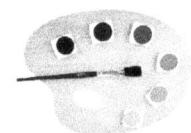

15

Maria ed il canguro
Maria und das Känguru

A

Vocaboli

1. acqua - -s Wasser
2. andiamo - lass uns gehen
3. anno- -s Jahr
4. bagnato, umido/bagnata, umida- nass
5. bambola - -e Puppe
6. battere - schlagen
7. cadere - fallen; cade - er/sie fällt
8. canguro - -s Känguru
9. capello - -s Haar
10. coda - -r Schwanz
11. contenta/felice - froh
12. cosa, che, quale - was; Cos'è questo? - Was ist das? Quale tavolo? - Welcher Tisch?
13. dare fastidio - ärgern
14. Ei! - Hey!
15. fortemente - stark; forte - stark
16. gelato - -s Eis
17. giocattolo - -s Spielzeug
18. gridare/urlare/ululare/piangere - schreien; grida/urla/ulula/piange - er/sie schreit
19. insieme, assieme - zusammen
20. largo/ampio - weit; ampiamente - weit
21. leone - -r Löwe
22. libreria, scaffale - -s Buchregal
23. me - mir/mich
24. mese - -e Monate
25. noi - wir/uns
26. Oh! - Oh!
27. olimpico - olympic (olympisch)

28. orecchio - -s Ohr
29. piano - -s Plan; pianificare - planen
30. pieno - voll
31. povero - arm
32. primo/prima - erst
33. quando - wann
34. scimmia - -r Affe
35. secchio - -r Eimer
36. senza fare rumore - langsam

37. studiare - studieren / lernen
38. suo - sein/ihr
39. tigre - -r Tiger
40. tirare - ziehen / werfen
41. va bene/bene - okay, nah gut
42. volare - fliegen
43. zebra - -s Zebra
44. zoo - -r Tiergarten

Maria e il canguro

Ora Robert è uno studente. (Lui) studia all'università. Studia italiano. Robert vive nello studentato. E' il vicino di Paul.
Robert è nella sua stanza in questo momento. Prende il suo telefono e chiama il suo amico Giuseppe.
Giuseppe prende il telefono e dice: "Pronto?"
"Ciao Giuseppe. Sono io, Robert. Come ti va?" dice Robert.
"Ciao Robert. Tutto bene, grazie. E tu, come stai?" risponde Giuseppe.
"Anch'io sto bene, grazie. Vado a fare un giro. Cos'hai in programma per oggi?" dice Robert.
"Mia sorella Maria vuole venire con me allo zoo. Ci vado ora con lei. Andiamoci insieme", dice Giuseppe.
"Va bene, vengo con voi. Dove ci incontriamo?" domanda Robert.
"Possiamo incontrarci nella fermata degli autobus Olimpico. E di' a Paul di venire con noi", dice Giuseppe.
"Va bene. Ciao", risponde Robert.
"A dopo", dice Giuseppe.
Poi Robert va nella stanza di Paul. Paul è in camera sua.
"Ciao", dice Robert.
"Oh, ciao Robert. Entra pure", dice Paul. Robert entra in camera.
"Giuseppe, sua sorella ed io andiamo allo zoo. Vuoi venire con noi?" domanda Robert.
"Certo che vengo anch'io", dice Paul.

Maria und das Känguru

Robert ist jetzt Student. Er studiert an der Universität. Er studiert Italienisch. Robert wohnt im Studentenwohnheim. Er ist Pauls Nachbar.
Robert ist gerade in seinem Zimmer. Er nimmt sein Telefon und ruft seinen Freund Giuseppe an.

Giuseppe geht ans Telefon und sagt: „Hallo."

„Hallo Giuseppe. Ich bin es, Robert. Wie geht's dir?", sagt Robert.
„Hallo Robert. Mir geht's gut. Danke. Und dir?", antwortet Giuseppe.
„Mir geht's auch gut, danke. Ich werde einen Ausflug machen. Was hast du heute vor?", sagt Robert.
„Meine Schwester Maria will mit mir in den Zoo gehen. Ich werde jetzt mit ihr dorthin gehen. Lass uns zusammen gehen", sagt Giuseppe.
„Alles klar, ich komme mit. Wo treffen wir uns?", fragt Robert.
„Lass uns an der Bushaltestelle Olympic treffen. Und frag Paul, ob er auch mitkommen will", sagt Giuseppe.
„Alles klar. Tschüss", antwortet Robert.
„Bis gleich", sagt Giuseppe.
Dann geht Robert zu Pauls Zimmer. Paul ist in seinem Zimmer.
„Hallo", sagt Robert.
„Oh, hallo Robert. Komm rein", sagt Paul. Robert betritt das Zimmer.
„Giuseppe, seine Schwester und ich gehen in den Zoo. Willst du mitkommen?", fragt Robert.
„Natürlich komme ich mit", sagt Paul.

Robert e Paul vanno alla fermata degli autobus Olimpico. Lì vedono Giuseppe e sua sorella Maria.
La sorella di Giuseppe ha solo cinque anni. (Lei) è una bambina piccola ed è piena di energia. Le piacciono molto gli animali. Ma Maria pensa che gli animali siano giocattoli. Gli animali scappano da lei perchè lei li disturba. (Lei) tira loro la coda o le orecchie, li picchia con la mano o con un giocattolo. Maria ha un cane e un gatto a casa. Quando Maria è a casa il cane rimane sotto il letto ed il gatto sulla libreria. Così Maria non li può prendere.
Maria, Giuseppe, Robert e Paul entrano allo zoo.
Ci sono molti animali nello zoo. Maria è molto contenta. (Lei) corre verso i leoni e le tigri. (Lei) dà una botta alla zebra con la sua bambola. Tira la coda di una scimmia così forte che tutte le scimmie si allontanano urlando. Poi Maria vede un canguro. Il canguro beve acqua da un cubo. Maria sorride e si avvicina al canguro lentamente. E poi...
"Ehi! Canguroooooo!!" urla Maria e gli tira la coda. Il canguro guarda Maria con gli occhi spalancati. Dallo spavento fa un salto e il cubo con l'acqua vola per aria e cade addosso a Maria. L'acqua scorre sui suoi capelli, la faccia ed il vestito. Maria è tutta bagnata.
"(Tu) sei un canguro cattivo! Cattivo!" urla. Alcune persone sorridono ed altri dicono: "Povera bambina". Giuseppe porta Maria a casa.
"(Tu) non devi dare fastidio agli animali", dice Giuseppe e le dà un gelato. Maria mangia il gelato.
"Ok, non giocherò più con gli animali grandi e arrabbiati", pensa Maria "Giocherò solo con quelli piccoli". Ed è felice di nuovo.

Robert und Paul fahren bis zur Bushaltestelle Olympic. Dort sehen sie Giuseppe und seine Schwester Maria.
Giuseppes Schwester ist erst fünf. Sie ist ein kleines Mädchen und voller Energie. Sie mag Tiere sehr gerne. Aber Maria denkt, dass Tiere Spielzeuge sind. Die Tiere rennen vor ihr weg, weil sie sie sehr ärgert. Sie zieht sie am Schwanz oder am Ohr, schlägt sie mit der Hand oder mit einem Spielzeug. Zu Hause hat Maria einen Hund und eine Katze. Wenn Maria zu Hause ist, sitzt der Hund unter dem Bett und die Katze auf dem Bücherregal. So kann Maria sie nicht kriegen.

Maria, Giuseppe, Robert und Paul betreten den Zoo.
Im Zoo gibt es sehr viele Tiere. Maria ist glücklich. Sie rennt zu den Löwen und Tigern. Sie schlägt das Zebra mit ihrer Puppe. Sie zieht so stark am Schwanz eines Affen, dass alle Affen schreiend wegrennen. Dann sieht Maria ein Känguru. Das Känguru trinkt Wasser aus einem Eimer. Maria lächelt und nähert sich dem Känguru langsam. Und dann...

„Hey!!! Kängruu-uu-uu!!", schreit Maria und zieht es am Schwanz. Das Känguru sieht Maria mit weit aufgerissenen Augen an. Vor Schreck macht es einen Satz, sodass der Wassereimer in die Luft fliegt und auf Maria fällt. Wasser läuft über ihr Haar, ihr Gesicht und ihr Kleid. Maria ist ganz nass.
„Du bist ein böses Känguru! Böse!", ruft sie. Einige Leute lächeln und einige Leute sagen: „Armes Mädchen". Giuseppe bringt Maria nach Hause.
„Du darfst die Tiere nicht ärgern", sagt Giuseppe und gibt ihr ein Eis. Maria isst das Eis.
„Okay, ich werde nicht mehr mit sehr großen und wütenden Tieren spielen", denkt Maria. „Ich werde nur noch mit kleinen Tieren spielen." Sie ist wieder glücklich.

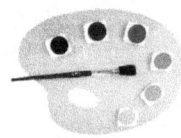

16

I paracadutisti
Die Fallschirmspringer

A

Vocaboli

1. aereo - -s Flugzeug
2. ah.. - ah..
3. irosamente/con rabbia - wütend
4. allenare - trainieren; allenato - trainiert
5. aria - -e Luft
6. cadendo - beim Fall
7. chiudere - schließen
8. club - Club
9. credere - glauben
10. dentro - in / drinnen / herein
11. dopo - nach
12. esibizione aerea - -e Flugschau
13. essere/stare - sein
14. fare - machen
15. fine - -s Ende
16. giacca - -e Jacke
17. Giacomo - Giacomo
18. giallo - gelb
19. giusto/esatto - richtig
20. gomma - -s/-r Gummi
21. grande - groß
22. membro - -r Mitglied
23. metallo - -s Metall
24. nella strada - auf der Strasse; fuori di - ausser
25. nove - neun

26. pantaloni - die Hose
27. papá - Vati
28. paracadute - -r Fallschirm
29. paracadutista - -r Fallschirmspringer
30. parte - -e Seite
31. pilota - -r Pilot
32. prendere, catturare - ergreifen; accorgersi, rendersi conto - bemerken
33. preparare - vorbereiten / bereit machen
34. proprio/propria - sein/ihr
35. pubblico - -s Publikum
36. reale - wirklich
37. ripieno - gefüllt; bambolotto paracadutista - -e Fallschirmspringerpuppe
38. rosso - rot
39. salvare - retten
40. scendere da - aus (+dat) steigen
41. se - wenn
42. sebbene - obwohl
43. sedia, sedile - -r Stuhl; sedersi - sich setzen
44. spingere - stoßen
45. squadra - -e Mannschaft
46. terra - -s Land; atterrare - landen
47. tetto - -s Dach
48. trucco - -r Trick
49. un altro - noch eins
50. vestito - -e Kleidung; vestirsi/indossare - sich anziehen; essere vestito - tragen/anziehen
51. vita - -s Leben; manovra di salvataggio - -r Rettungstrick
52. zitto/zitta - still; silenziosamente - still

 B

I paracadutisti

È mattina. Robert va nella camera di Paul. Paul si siede al tavolo e scrive qualcosa. Favorito, il gatto di Paul è seduto sul suo letto. Dorme tranquillamente.
"Posso entrare?" domanda Robert.
"Oh Robert. Entra pure. Come ti va?" risponde Paul.
"Bene. Grazie. Tu come stai?" dice Robert.
"Anch'io sto bene, grazie. Siediti", risponde Paul.
Robert si siede su una sedia.
"Tu sai che io sono membro di un club di paracadutismo. Oggi faremo un'esibizione", dice Robert. "Farò alcuni salti".
"È interessante", risponde Paul, "Forse vengo a vedere".
"Se vuoi ti posso portare con me e puoi fare un volo con noi", dice Robert.
"Davvero? Sarebbe stupendo!" grida Paul. "A che ora è l'esibizione?"
"Comincia alle dieci del mattino", risponde Robert. "Verrá anche Giuseppe. A proposito, abbiamo bisogno di aiuto per buttare fuori dall'aereo un bambolotto paracadutista. Puoi aiutarci?"

Die Fallschirmspringer

Es ist Morgen. Robert kommt in Pauls Zimmer. Paul sitzt am Tisch und schreibt etwas. Pauls Katze Favorite sitzt auf Pauls Bett. Sie schläft ruhig.
„Kann ich reinkommen?", fragt Robert.
„Oh, Robert. Komm rein. Wie geht's dir?", antwortet Paul.
„Gut, danke. Und dir?", sagt Robert.
„Danke, auch gut. Setz dich", antwortet Paul.
Robert setzt sich auf einen Stuhl.
„Du weißt doch, dass ich Mitglied in einem Fallschirmspringerverein bin. Wir haben heute eine Flugschau", sagt Robert. „Ich werde ein paar Sprünge machen."
„Das ist interessant", antwortet Paul. „Ich komme vielleicht zuschauen."
„Wenn du willst, kann ich dich mitnehmen und du kannst in einem Flugzeug mitfliegen", sagt Robert.
„Echt? Das wäre super!", ruft Paul. „Um wie viel Uhr ist die Flugschau?"
„Sie fängt um zehn Uhr morgens an", antwortet Robert. „Giuseppe kommt auch. Übrigens, wir brauchen Hilfe, eine Fallschirmspringerpuppe aus dem Flugzeug zu werfen. Kannst du helfen?"

"Un bambolotto paracadutista? Perchè?" chiede Paul sorpreso.
"Mah, sai, fa parte dell'esibizione", dice Robert. "È una manovra di salvataggio. Il bambolotto paracadutista cade. In quel momento un vero paracadutista vola verso di lui, lo prende ed apre il suo paracadute. E 'l'uomo' è salvo!"
"Magnifico!" risponde Paul, "Vi aiuto! Andiamo!"
Paul e Robert escono. Vanno verso la fermata degli autobus Olimpico e prendono un autobus. Ci vogliono solo dieci minuti per arrivare al luogo dell'esibizione. Quando scendono dall'autobus vedono Giuseppe.
"Ciao Giuseppe", dice Robert. "Andiamo sull'aereo".
Vedono un gruppo di paracadutisti di fronte all'aereo. Il capogruppo è vestito con pantaloni e giacca rossa.
"Ciao Giacomo", dice Robert. "Paul e Giuseppe ci aiuteranno nella manovra di salvataggio".
"Ok. Ecco qui il bambolotto", dice Giacomo. E gli dà il bambolotto paracadutista. Il bambolotto è vestito con pantaloni e giacca rossa.
"È vestito come te", dice Giuseppe sorridendo a Giacomo.
"Non abbiamo tempo di parlare di queste cose", dice Giacomo, "Portalo dentro l'aereo". Paul e Giuseppe mettono il bambolotto paracadutista dentro l'aereo. (Loro) si siedono a lato del pilota. Tutto il gruppo di paracadutisti tranne il capogruppo entrano nell'aereo. Chiudono la porta. Cinque minuti dopo l'aereo è in volo. Quando vola su Genova Giuseppe vede la sua casa.
"Guarda! Quella è casa mia!" grida Giuseppe. Attraverso il finestrino Paul vede strade, piazze e parchi. È meraviglioso volare su un aereo.
"Preparatevi per saltare!" grida il pilota. I paracadutisti si alzano. Aprono il portellone.
"Dieci, nove, otto, sette, sei, cinque, quattro, tre, due, uno! Andiamo!" grida il pilota.
I paracadutisti cominciano a saltare dall'aereo. Il pubblico da sotto vede paracadute rossi,

„Eine Fallschirmspringerpuppe? Warum?", fragt Paul überrascht.
„Ach, weißt du, das ist ein Teil der Schau", sagt Robert. „Es ist ein Rettungstrick. Die Puppe fällt herunter. In dem Moment fliegt ein echter Fallschirmspringer zu ihr, fängt sie und öffnet seinen eigenen Fallschirm. Der „Mann" ist gerettet!"
„Toll!", antwortet Paul. „Ich helfe. Lass uns gehen!"
Paul und Robert gehen nach draußen. Sie kommen zur Bushaltestelle Olympic und nehmen einen Bus. Es dauert nur zehn Minuten bis zur Flugschau. Als sie aus dem Bus steigen, sehen sie Giuseppe.
„Hallo Giuseppe", sagt Robert. „Lass uns zum Flugzeug gehen."
Beim Flugzeug sehen sie eine Fallschirmspringermannschaft. Der Führer der Mannschaft hat eine rote Hose und eine rote Jacke an.
„Hallo Giacomo", sagt Robert. „Paul und Giuseppe helfen beim Rettungstrick."
„Okay. Hier ist die Puppe", sagt Giacomo. Er gibt ihnen die Fallschirmspringerpuppe. Die Puppe trägt eine rote Hose und eine rote Jacke.
„Sie trägt die gleiche Kleidung wie du", sagt Giuseppe und grinst Giacomo an.
„Wir haben keine Zeit, darüber zu reden", sagt Giacomo. „Nehmt sie mit in dieses Flugzeug." Paul und Giuseppe bringen die Puppe ins Flugzeug. Sie setzen sich neben den Piloten. Die ganze Fallschirmspringermannschaft außer ihrem Führer besteigt das Flugzeug. Sie schließen die Tür. Nach fünf Minuten ist das Flugzeug in der Luft. Als es über Genua fliegt, sieht Giuseppe sein Haus.
„Schau! Da ist mein Haus!", ruft Giuseppe. Paul sieht aus dem Fenster auf Straßen, Plätze und Parks. Es ist toll, in einem Flugzeug zu fliegen.
„Zum Sprung bereit machen!", ruft der Pilot. Die Fallschirmspringer stehen auf. Sie öffnen die Tür.
„Zehn, neun, acht, sieben, sechs, fünf, vier, drei, zwei, eins! Los!", ruft der Pilot.
Die Fallschirmspringer beginnen, aus dem

verdi, bianchi, azzurri, gialli. E' molto bello. Anche Giacomo, il capogruppo dei paracadutisti, li osserva da terra. I paracadutisti volano e alcuni sono già atterrati.
"Bene, buon lavoro, ragazzi", dice Giacomo e va ad un bar vicino per bere un caffè.
L'esibizione continua.
"Preparatevi per il trucco salvavita", grida il pilota.
Giuseppe e Paul portano il bambolotto al portellone.
"Dieci, nove, otto, sette, sei, cinque, quattro, tre, due, uno! Andiamo!" grida il pilota.
Paul e Giuseppe spingono il bambolotto fuori dal portellone. Questo cade ma poi rimane appeso. La mano di gomma è rimasta intrappolata in una delle parti metalliche dell'aereo.
"Andiamo, forza ragazzi!" grida il pilota.
I ragazzi spingono con forza il bambolotto ma non riescono a disincastrarlo.
Il pubblico da terra vede un uomo vestito di rosso incastrato nel portellone dell'aereo. Altri due uomini cercano di spingerlo fuori. La gente non può credere a ciò che vede. Passa circa un minuto. Poi il paracadutista vestito di rosso cade. Un altro paracadutista salta dall'aereo e cerca di prenderlo. Ma non ci riesce. Il paracadutista rosso continua a cadere. Cade sul tetto del bar e ci va a finire dentro. Il pubblico guarda in silenzio. Poi la gente vede un uomo vestito di rosso correre fuori dal bar. L'uomo vestito di rosso è Giacomo, il capogruppo dei paracadutisti. Ma il pubblico pensa che lui sia il paracadutista che è caduto. Lui guarda in su e grida con rabbia "Se non sei capace di prendere un uomo allora non provarci!"
Il pubblico è in silenzio.
"Papá, quest'uomo è molto forte", dice una piccola bambina a suo papá.
"(Lui) è ben allenato", le risponde il papá.
Dopo la dimostrazione Paul e Giuseppe vanno da Robert.
"Com'è stato il nostro lavoro?" domanda Giuseppe.
"Ah… Oh, molto buono. Grazie", risponde

Flugzeug zu springen. Das Publikum auf dem Boden sieht rote, grüne, weiße, blaue und gelbe Fallschirme. Es sieht sehr schön aus. Giacomo, der Führer der Mannschaft, schaut auch nach oben. Die Fallschirmspringer fliegen nach unten und einige landen bereits.
„Okay, gute Arbeit, Jungs", sagt Giacomo und geht in ein Cafè in der Nähe, um Kaffee zu trinken.
Die Flugschau geht weiter.
„Für den Rettungstrick bereit machen!", ruft der Pilot.
Giuseppe und Paul bringen die Puppe zur Tür.
„Zehn, neun, acht, sieben, sechs, fünf, vier, drei, zwei, eins! Los!", ruft der Pilot.
Paul und Giuseppe stoßen die Puppe aus der Tür. Sie fällt heraus, bleibt dann aber hängen. Ihre Gummihand ist an einem Metallteil des Flugzeugs hängen geblieben.
„Los, auf, Jungs!", ruft der Pilot.
Die Jungs ziehen mit aller Kraft an der Puppe, aber sie bekommen sie nicht los.
Das Publikum unten auf dem Boden sieht einen Mann in Rot gekleidet in der Flugzeugtür. Zwei andere Männer versuchen, ihn herauszustoßen. Die Leute trauen ihren Augen nicht. Es dauert etwa eine Minute. Dann fällt der Fallschirmspringer in Rot nach unten. Ein anderer Fallschirmspringer springt aus dem Flugzeug und versucht, ihn zu fangen. Aber er schafft es nicht. Der Fallschirmspringer in Rot fällt weiter. Er fällt durch das Dach in das Cafè. Das Publikum sieht schweigend zu. Dann sehen die Leute einen in rot gekleideten Mann aus dem Cafè rennen. Der Mann in Rot ist Giacomo, der Führer der Fallschirmspingermannschaft. Aber das Publikum denkt, dass er der abgestürzte Fallschirmspringer ist. Er schaut nach oben und ruft wütend: „Wenn ihr einen Mann nicht fangen könnt, dann versucht es nicht!"
Das Publikum ist still.
„Papa, dieser Mann ist sehr stark", sagt ein kleines Mädchen zu ihrem Vater.
„Er ist gut trainiert", antwortet der Vater.
Nach der Flugschau gehen Giuseppe und Paul zu Robert.
„Wie war unsere Arbeit?", fragt Giuseppe.

Robert.
"Se hai bisogno di aiuto, hai solo da dirlo", dice Paul.

„Ähm...Oh, sehr gut. Danke", antwortet Robert.
„Wenn du Hilfe brauchst, sag es einfach", sagt Paul.

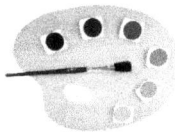

17

Spegni il gas!
Mach das Gas aus!

A

Vocaboli

1. all'improvviso - plötzlich
2. asilo - -r Kindergarten
3. astuto, furbo - schlau;
4. attento/attenta - sorgfältig
5. biglietto, ticket - -e Fahrkarte
6. caldo, tiepido - warm; riscaldare - wärmen
7. chi - wer
8. chilometro - Kilometer
9. congelarsi/paralizzarsi - erstarren
10. cornetta del telefono - -r Hörer
11. diffondere, spalmare - einschmieren
12. dimenticò, scordò - vergessen
13. dovrò, verbi ausiliari usati per indicare futuro - sollen
14. ferrovia - -e Eisenbahn
15. fuoco - -s Feuer
16. gas - -s Gas
17. gattino/gattina - -e Miezekatze
18. girare - drehen; accendere - anmachen; chiudere/spegnere - ausmachen
19. immediatamente - sofort
20. intanto - in der Zwischenzeit
21. mettere verticalmente - vertikal setzen; mettere horizontalmente - horizontal setzen
22. momento - Moment
23. ordinare, chiedere - fragen
24. pallido/pallida - blass
25. Pèrez - Pèrez

26. pertanto, così - daher
27. piede - -r Fuβ
28. a piedi, camminando - zu Fuβ
29. quarantaquattro - vierundvierzig
30. raccontare, dire - erzählen
31. rapido, svelto - schnell; rapidamente - schnell
32. riempire - füllen
33. rubinetto - -r Hahn
34. segretaria- -e Sekretärin
35. sentire (sentimenti), accorgersi, notare - fühlen
36. stazione - -r Bahnhof
37. estraneo - fremd
38. suonare, squillare - klingeln; suona, squilla - es klingelt
39. teiera - -r Kessel
40. treno - -r Zug
41. tutto - alles
42. undici - elf
43. venti - zwanzig
44. vicino - nah
45. vivendo - lebend
46. voce - -e Stimme

Spegni il gas!

Sono le sette del mattino. Giuseppe e Maria dormono. La loro mamma è in cucina. La mamma si chiama Fabia. Fabia ha quarantaquattro anni. (Lei) è una donna precisa. Fabia pulisce la cucina prima di andare al lavoro. (Lei) è segretaria. Lavora a venti chilometri da Genova. Fabia normalmente prende il treno per andare al lavoro.
Lei esce. La stazione è vicina, quindi Fabia ci va a piedi. Compra un biglietto e sale. Ci vogliono circa venti minuti per arrivare al lavoro. Fabia si siede sul treno e guarda dal finestrino.
Ad un tratto si paralizza. La teiera! E' sul fornello e lei si è dimenticata di spegnere il gas! Giuseppe e Maria dormono. Il fuoco può incendiare i mobili e poi… Fabia diventa pallida. Ma (lei) è una donna intelligente e in breve sa cosa c'è da fare. (Lei) chiede a una donna e a un uomo che sono seduti vicino a lei di telefonare a casa sua e di informare Giuseppe della teiera.
Intanto Giuseppe si alza, si lava e va in cucina. Prende la teiera dal tavolo, la riempie d'acqua e la mette sul fornello. Poi prende pane e burro e fa dei panini. Maria arriva in cucina.
"Dov'è il mio micetto?" domanda (lei).
"Non lo so", risponde Giuseppe. "Vai in

Mach das Gas aus!

Es ist sieben Uhr morgens. Giuseppe und Maria schlafen. Ihre Mutter ist in der Küche. Die Mutter heißt Fabia. Fabia ist vierundvierzig. Sie ist eine sorgfältige Frau. Fabia putzt die Küche, bevor sie zur Arbeit geht. Sie ist Sekretärin. Sie arbeitet zwanzig Kilometer außerhalb von Genua. Fabia fährt normalerweise mit dem Zug zur Arbeit.

Sie geht nach draußen. Der Bahnhof ist in der Nähe, deswegen geht Fabia zu Fuß dorthin. Sie kauft eine Fahrkarte und steigt ein. Es dauert etwa zwanzig Minuten bis zu ihrer Arbeit. Fabia sitzt im Zug und schaut aus dem Fenster.
Plötzlich erstarrt sie. Der Kessel! Er steht auf dem Herd und sie hat vergessen, das Gas auszumachen. Giuseppe und Maria schlafen. Das Feuer kann auf die Möbel übergreifen und dann... Fabia wird blass. Aber sie ist eine intelligente Frau und kurz darauf weiß sie, was zu tun ist. Sie bittet eine Frau und einen Mann, die neben ihr sitzen, bei ihr zu Hause anzurufen und Giuseppe über den Kessel zu informieren.
In der Zwischenzeit steht Giuseppe auf, wäscht sich und geht in die Küche. Er nimmt den Kessel vom Tisch, füllt ihn mit Wasser und stellt ihn auf den Herd. Dann nimmt er Brot und Butter und macht Butterbrote. Maria kommt in die Küche.
„Wo ist meine kleine Miezekatze?", fragt sie.
„Ich weiß es nicht", antworte Giuseppe. „Geh ins

bagno a lavarti il viso. Adesso beviamo un po' di tè e mangiamo dei panini. Poi ti porto all'asilo".
Maria non vuole lavarsi. "Io so aprire il rubinetto", dice lei astutamente.
"Io ti aiuto", dice suo fratello. In quel momento squilla il telefono. Maria corre al telefono e alza la cornetta.
"Pronto, qui è lo zoo. Chi parla?" dice (lei). Giuseppe le prende la cornetta e dice, "Pronto, sono Giuseppe".
"Sei tu Giuseppe Pèrez che vive in via Regina numero 11?" chiede una voce estranea di donna.
"Sí", risponde Giuseppe.
"Vai immediatamente in cucina e spegni il gas!" grida la voce della donna.
"Chi è lei? Perchè devo spegnere il gas?" chiede Giuseppe sorpreso.
"Fallo subito!" ordina la voce.
Giuseppe spegne il gas. Maria e Giuseppe guardano la teiera sorpresi.
"Non capisco", dice Giuseppe. "Come fa questa donna a sapere che stavamo per bere il tè?"
"Ho fame", dice sua sorella. "Quando mangiamo?"
"Anch'io ho fame", dice Giuseppe ed riaccende il gas. In quel momento squilla di nuovo il telefono.
"Pronto", dice Giuseppe.
"Sei tu Giuseppe Pèrez che vive in via Regina numero 11?" chiede una voce estranea di uomo.
"Sì", risponde Giuseppe.
"Spegni il gas immediatamente! Fai attenzione!" ordina la voce.
"Va bene", dice Giuseppe e spegne di nuovo il gas.
"Andiamo all'asilo", dice Giuseppe a Maria con l'impressione che oggi non berranno il tè.
"No. Io voglio il tè e pane e burro", dice Maria arrabbiata.
"Bene, cerchiamo di scaldare la teiera un'altra volta", dice suo fratello e accende il gas.

Bad und wasch dein Gesicht. Wir trinken jetzt Tee und essen Brote. Dann bring ich dich in den Kindergarten."
Maria will sich nicht waschen. „Ich kann den Wasserhahn nicht anmachen", sagt sie schlau.
„Ich helfe dir", sagt ihr Bruder. In diesem Moment klingelt das Telefon. Maria rennt schnell zum Telefon und nimmt den Hörer ab.
„Hallo, hier ist der Zoo. Und wer ist da?", sagt sie. Giuseppe nimmt ihr den Hörer weg und sagt: „Hallo, Giuseppe hier."
„Bist du Giuseppe Perez, wohnhaft in der via Regina 11?", fragt die Stimme einer fremden Frau.

„Ja", antwortet Giuseppe.
„Geh sofort in die Küche und mach das Gas aus", ruft die Stimme der Frau.
„Wer sind Sie? Warum soll ich das Gas ausmachen?", fragt Giuseppe überrascht.
„Mach es jetzt!", befielt die Stimme.
Giuseppe macht das Gas aus. Maria und Giuseppe sehen verwundert auf den Kessel.
„Ich verstehe das nicht", sagt Giuseppe. „Woher weiß diese Frau, dass wir Tee trinken wollten?"

„Ich habe Hunger", sagt seine Schwester. „Wann essen wir?"
„Ich habe auch Hunger", sagt Giuseppe und macht das Gas wieder an. In diesem Moment klingelt das Telefon wieder.
„Hallo", sagt Giuseppe.
„Bist du Giuseppe Perez, wohnhaft in der via Regina 11?", fragt die Stimme eines fremden Mannes.
„Ja", antwortet Giuseppe.
„Mach sofort das Gas aus! Sei vorsichtig!", befiehlt die Stimme.
„Okay", sagt Giuseppe und macht das Gas wieder aus.
„Lass uns in den Kindergarten gehen", sagt Giuseppe zu Maria in dem Gefühl, dass sie heute keinen Tee trinken werden.
„Nein. Ich will Tee und Brot mit Butter", sagt Maria wütend.
„Gut, lass uns versuchen, den Kessel wieder zu wärmen", sagt ihr Bruder und stellt das Gas an. Das Telefon klingelt und dieses Mal befiehlt ihre

Il telefono squilla e questa volta sua madre gli ordina di spegnere il gas. Poi gli spiega tutto. Finalmente Maria e Giuseppe bevono il tè e vanno all'asilo.

Mutter, das Gas abzustellen. Dann erklärt sie alles. Endlich trinken Maria und Giuseppe Tee und gehen in den Kindergarten.

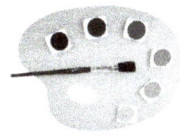

18

Un'agenzia di lavoro
Eine Arbeitsvermittlung

A

Vocaboli

1. aiutante - -r Helfer
2. anche - auch
3. attorno, tutto intorno - all-round (herum)
4. attuale - aktuell
5. Bene! - toll!
6. braccio - -r Arm
7. capelli grigi - graue Haar
8. casa editrice - -r Verlag
9. cavo - -e Kabel
10. come - wie
11. con attenzione - aufmerksam
12. confuso - verwirrt
13. consulente - -r Berater
14. consultare - beraten
15. correndo - rennend
16. elettrico/elettrica - Strom-
17. esperienza - -e Erfahrung
18. essere d'accordo - einverstanden sein
19. forte - stark; fortemente - stark
20. fu/è stato - war
21. individualmente - einzeln
22. l'ora - pro Stunde

23. l'uno all'altro - zueinander
24. lavoro manuale - -e Handarbeit
25. lavoro mentale - -e Kopfarbeit
26. lo stesso - gleich; allo stesso tempo - gleichzeitig
27. materasso - -e Matratze
28. mentale - kopf..
29. mentire - lügen
30. mezza/mezzo - halb
31. mortale/fatale - tödlich
32. numero - -r Nummer
33. paese - -s Dorf
34. permettere - lassen
35. posizione - -e Stellung
36. preoccuparsi - sich sorgen
37. pulire - putzen
38. quindici - fünfzehn
39. raccomandare - empfehlen
40. seriamente, sul serio - ernst
41. sessanta - sechzig
42. sicuro/sicura - sicher
43. signore - Herr
44. storia - -e Geschichte
45. suolo - -r Boden
46. tremare - zittern
47. visita - -r Besuch

 B

Un'agenzia di lavoro

Un giorno Paul va nella stanza di Robert e vede il suo amico coricato sul letto che trema. Paul vede dei cavi di corrente che da Robert vanno verso il bollitore. Paul crede che Robert abbia preso una scossa mortale. Velocemente (lui) si avvicina al letto, prende il materasso e lo scuote con forza. Robert cade per terra. Allora si alza e guarda Paul sorpreso.
"Cosa c'è?" domanda Robert.
"Eri sotto corrente", dice Paul.
"No, sto ascoltando musica", dice Robert e mostra il suo lettore CD.
"Oh, mi dispiace", dice Paul. (Lui) è confuso.
"Va be'. Non ti preoccupare", dice Robert con calma e si pulisce i pantaloni.
"Giuseppe ed io andiamo ad un'agenzia di lavoro. (Tu) vuoi venire con noi?" domanda Paul.
"Certo. Andiamo insieme", dice Robert.
(Loro) escono e prendono l'autobus numero 7. Ci vogliono circa quindici minuti per arrivare all'agenzia di lavoro. Giuseppe è già lì. (Loro) entrano nell'edificio. Davanti all'ufficio dell'agenzia di lavoro c'è una lunga coda. (Loro) si mettono in fila. Dopo mezz'ora entrano nell'ufficio. Nella stanza ci sono un tavolo ed alcuni scaffali. Seduto al tavolo c'è un uomo con i capelli grigi. (Lui) ha circa sessant'anni.

Eine Arbeitsvermittlung

Eines Tages kommt Paul in Roberts Zimmer und sieht seinen Freund zitternd auf dem Bett liegen. Paul sieht einige Stromkabel, die von Robert zum Wasserkocher führen. Paul glaubt, dass Robert einen tödlichen Stromschlag abbekommen hat. Er geht schnell zum Bett, nimmt die Matratze und zieht stark daran. Robert fällt auf den Boden. Dann steht er auf und sieht Paul verwundert an.
„Was war das denn?", fragt Robert.
„Du standest unter Strom", sagt Paul.
„Nein, ich habe Musik gehört", sagt Robert und zeigt auf seinen CD-Spieler.
„Oh, Entschuldigung", sagt Paul. Er ist verwirrt.
„Schon gut, mach dir keinen Kopf", sagt Robert ruhig und macht seine Hose sauber.
„Giuseppe und ich gehen zu einer Arbeitsvermittlung. Willst du mitkommen?", fragt Paul.
„Klar, lass uns zusammen gehen", sagt Robert.
Sie gehen nach draußen und nehmen den Bus Nummer 7. Sie brauchen etwa fünfzehn Minuten bis zur Arbeitsvermittlung. Giuseppe ist schon dort. Sie betreten das Gebäude. Vor dem Büro der Arbeitsvermittlung ist eine lange Schlange. Sie stellen sich an. Nach einer halben Stunde betreten sie das Büro. Im Zimmer sind ein Stuhl und ein paar Bücherregale. Am Tisch sitzt ein grauhaariger Mann. Er ist etwa sechzig.

"Entrate ragazzi!" dice amichevolmente, "Sedetevi, prego".
Giuseppe, Robert e Paul si siedono.
"Io sono Giorgio Falchi. Sono consulente del lavoro. Normalmente parlo con i clienti individualmente. Ma visto che (voi) siete tutti studenti e che vi conoscete posso farvi una consulenza unica. Siete d'accordo?"
"Sì", dice Giuseppe. "Noi abbiamo tre o quattro ore libere tutti i giorni. Abbiamo bisogno di trovare un lavoro in queste ore".
"Bene, ho alcuni lavori per studenti. E tu, spegni il tuo lettore CD", dice il Sig. Falchi a Robert.
"Riesco ad ascoltare lei e la musica allo stesso tempo", dice Robert.
"Se (tu) vuoi sul serio trovare un lavoro, spegni il lettore CD e ascoltami con attenzione", dice il Sig. Falchi. "Dunque: che tipo di lavoro vorreste? Volete un lavoro intellettuale o manuale?"
"Io posso fare qualsiasi lavoro", dice Paul.
"Sono forte. Vuole mettermi alla prova?" chiede e mette il suo braccio sul tavolo sfidando il Sig. Falchi a braccio di ferro.
"Questo non è un club sportivo ma se vuoi…" dice il Sig. Falchi. (Lui) mette il suo braccio sul tavolo e rapidamente abbassa il braccio di Paul. "Come vedi, non solo devi essere forte, ma anche furbo".
"Io posso anche fare un lavoro intellettuale", dice Paul. Desidera molto un lavoro. "Io so scrivere storie. Ho alcune storie sulla mia città di origine".
"Questo è molto interessante", dice il Sig. Falchi. (Lui) prende un foglio bianco. "La casa editrice 'All-Round' ha bisogno di un giovane scrittore come aiutante. Pagano nove euro l'ora".
"Bene!" dice Paul. "Posso provare?"
"Certo. Qui c'è il loro numero di telefono e l'indirizzo", dice il Sig. Falchi e dà a Paul un foglio.
"E voi ragazzi potete scegliere tra un lavoro in una fattoria, in una ditta d'informatica, in un giornale o in un supermercato. Siccome non avete esperienza vi suggerisco di cominciare

„Kommt rein, Jungs", sagt er freundlich. „Setzt euch, bitte."
Giuseppe, Robert und Paul setzen sich.
„Ich bin Giorgio Falchi. Ich bin Arbeitsberater. Normalerweise spreche ich einzeln mit Besuchern. Aber da ihr alle Studenten seid und euch kennt, kann ich euch zusammen beraten. Seid ihr einverstanden?"
„Ja", sagt Giuseppe. „Wir haben drei, vier Stunden frei pro Tag. Wir brauchen für diese Zeit einen Job."
„Gut, ich habe ein paar Jobs für Studenten. Und du, mach deinen CD-Spieler aus", sagt Herr Falchi zu Robert.
„Ich kann gleichzeitig Ihnen zuhören und Musik hören", sagt Robert.
„Wenn du ernsthaft einen Job willst, mach die Musik aus und hör mir genau zu", sagt Herr Falchi. „Also, was für einen Job wollt ihr denn? Wollt ihr Hand- oder Kopfarbeit?

„Ich kann jede Arbeit machen", sagt Paul. „Ich bin stark. Wollen Sie es testen?", fragt er und stützt seinen Arm auf Herrn Falchis Tisch auf.

„Das hier ist kein Sportverein, aber wenn du willst…" sagt Herr Falchi. Er stützt seinen Arm auf den Tisch auf und drückt Pauls Arm schnell nach unten. „Wie du siehst, musst du nicht nur stark, sondern auch schlau sein."
„Ich kann auch Denkarbeit machen", sagt Paul. Er will unbedingt einen Job. „Ich kann Geschichten schreiben. Ich habe ein paar Geschichten über meine Heimatstadt."
„Das ist sehr interessant", sagt Herr Falchi. Er greift nach einem Blatt Papier. „Der Verlag ‚All-Round' braucht einen jungen Helfer als Schreiber. Sie zahlen neun Euro pro Stunde."

„Super", sagt Paul. „Kann ich das versuchen?"
„Natürlich. Hier sind Telefonnummer und Adresse", sagt Herr Falchi und gibt Paul ein Blatt Papier.
„Und ihr Jungs könnt zwischen einem Job auf einem Bauernhof, in einer Computerfirma, bei einer Zeitung oder im Supermarkt wählen. Da ihr keine Erfahrung habt, empfehle ich euch, mit der

con il lavoro in fattoria. (Loro) hanno bisogno di due lavoratori", dice il Sig. Falchi a Giuseppe e Robert.
"Quanto pagano?" domanda Giuseppe.
"Lasciatemi vedere...". Il Sig. Falchi guarda sul computer. "(Loro) hanno bisogno di due lavoratori per tre o quattro ore al giorno e pagano sette euro l'ora. I sabati e le domeniche sono liberi. Siete d'accordo?" domanda (lui).
"Sì, sono d'accordo", dice Giuseppe.
"Anch'io", dice Robert.
"Bene, prendete il numero di telefono e l'indirizzo della fattoria", dice il Sig. Falchi e dà loro un foglio.
"Grazie mille, Sig. Falchi", dicono i ragazzi ed escono.

Arbeit auf dem Bauernhof anzufangen. Sie brauchen zwei Arbeiter", sagt Herr Falchi zu Giuseppe und Robert.
„Wie viel zahlen sie?", fragt Giuseppe.
„Mal sehen..." Herr Falchi schaut auf den Computer. *„Sie brauchen Arbeiter für drei oder vier Stunden am Tag und zahlen sieben Euro pro Stunde. Samstag und Sonntag sind frei. Seid ihr einverstanden?"*, fragt er.
„Ja, bin ich", sagt Giuseppe.
„Ich auch", sagt Robert.
„Gut, nehmt die Telefonnummer und die Adresse des Bauernhofs", sagt Herr Falchi und gibt ihnen ein Blatt Papier.
„Dankeschön, Herr Falchi", sagen die Jungs und gehen nach draußen.*

19

Giuseppe e Robert lavano il camion (parte 1)
Giuseppe und Robert waschen den Laster (Teil 1)

A

Vocaboli

1. a principio - am Anfang
2. abbastanza - ziemlich
3. adeguato - passend
4. anche - auch; troppo grande - zu groß
5. arrivare - ankommen
6. aspettare - warten
7. barca, nave - -s Schiff
8. campagna - -s Land
9. caricare - laden
10. trasportare - transportieren
11. chiuso - geschlossen
12. cominciare - beginnen
13. controllare - kontrollieren
14. costa - -e Küste
15. camminando - laufend
16. Daniele - Daniele
17. davanti - vorn
18. decimo - zehnte
19. forza - -e Kraft
20. freno - -e Bremse; frenare - (ab)bremsen
21. galleggiare - schwimmen
22. giardino, cortile - -r Hof
23. impiegato - -r Mitarbeiter
24. lavando - waschend

25. lentamente - langsam
26. lontano - weit
27. lungo - entlang
28. macchina - -s Auto
29. mare - -e See
30. metro - -r Meter
31. molto - sehr
32. motore - -r Motor
33. nessuno, niente - niemand, nichts
34. nono - neunte
35. onda - -e Welle
36. ottavo - achte
37. padrone - -r Besitzer
38. patente - -r Führerschein
39. più grande - größer
40. più lontano - weiter
41. più vicino- näher
42. pulire - putzen
43. quarto - vierte
44. quinto - fünfte
45. ruota - -s Rad
46. scaricare - ausladen
47. scatola - -e Kiste
48. secondo - zweite
49. seme - -r Same
50. sesto - sechste
51. settimo/settima - siebente
52. spingere - drängeln
53. strada - -e Strasse
54. terzo - dritte
55. usare - benutzen

Giuseppe e Robert lavano il camion
(parte 1)

Adesso Giuseppe e Robert lavorano in una fattoria. (Loro) lavorano tre o quattro ore tutti i giorni. Il lavoro è abbastanza duro. (Loro) devono lavorare molto tutti i giorni. Puliscono il cortile ogni due giorni. Puliscono le macchine ogni tre giorni. Ogni quattro giorni lavorano nella campagna.
Il loro datore di lavoro si chiama Daniele Giacomoi. Il Sig. Giacomoi è il proprietario della fattoria e (lui) svolge la maggior parte del lavoro. Il Sig. Giacomoi lavora molto. (Lui) dà anche molto lavoro a Giuseppe e Robert.
"Ehi ragazzi, finite di pulire le macchine, poi prendete il camion e andate alla ditta di trasporti Rapid", dice il Sig. Giacomoi. "(Loro) hanno un carico per me. Caricate le casse di semi sul camion, portatele alla fattoria e scaricatele nel cortile. Fate in fretta perchè ho bisogno dei semi oggi. E non vi dimenticate di lavare il camion".
"D'accordo", dice Giuseppe. (Loro) finiscono di pulire le macchine e salgono sul camion. Giuseppe ha la patente di guida per cui guida lui il camion. Accende il motore, guida lentamente attraverso il cortile e va più veloce

Giuseppe und Robert waschen den Laster
(Teil 1)

Giuseppe und Robert arbeiten jetzt auf einem Bauernhof. Sie arbeiten drei, vier Stunden am Tag. Die Arbeit ist ziemlich schwer. Sie müssen jeden Tag viel arbeiten. Sie machen den Hof jeden zweiten Tag sauber. Sie putzen die Maschinen jeden dritten Tag. Jeden vierten Tag arbeiten sie auf den Feldern.
Ihr Arbeitgeber heißt Daniele Giacomoi. Herr Giacomoi ist der Besitzer des Bauernhofs und macht die meiste Arbeit. Herr Giacomoi arbeitet sehr hart. Er gibt Giuseppe und Robert auch viel Arbeit.
„Hey Jungs, macht die Maschinen fertig sauber und fahrt dann mit dem Laster zur Transportfirma Rapid", sagt Herr Giacomoi. „Sie haben eine Ladung für mich. Ladet die Kisten mit dem Saatgut auf den Laster, bringt sie zum Bauernhof und ladet sie auf dem Hof ab. Beeilt euch, denn ich brauche das Saatgut heute. Und vergesst nicht, den Laster zu waschen."
„Okay", sagt Giuseppe. Sie machen die Maschine fertig sauber und steigen in den Laster. Giuseppe hat einen Führerschein, deswegen fährt er. Er macht den Motor an, fährt erst langsam durch den Hof und dann schnell die

quando è sulla strada. La ditta di trasporti Rapid non è lontana dalla fattoria. Ci arrivano in quindici minuti. (Loro) cercano il punto di carico numero dieci.

Giuseppe guida attentamente il camion nel cortile. Passano il primo punto di carico, il secondo, il terzo, il quarto, il quinto, il sesto, il settimo, l'ottavo e infine il nono punto di carico. Giuseppe guida fino al decimo punto di carico e si ferma.

"Dobbiamo controllare prima la lista di carico", dice Robert, che ha già fatto un po' di esperienza con le liste di carico in questa ditta di trasporti. Si avvicina al magazziniere che lavora al punto di carico e gli dà la lista di carico. Il magazziniere carica in fretta cinque scatole sul camion. Robert controlla le scatole con attenzione. Tutti i numeri delle scatole corrispondono ai numeri della lista di carico.

"I numeri sono corretti. Possiamo andarcene adesso", dice Robert.

"Va bene", dice Giuseppe e accende il motore, "(Io) penso che possiamo lavare il camion adesso. Non lontano da qui c'è un posto adatto".

In cinque minuti arrivano sulla costa.

"(Tu) vuoi lavare il camion qui?" domanda Robert sorpreso.

"Sì! È un bel posto. No?" dice Giuseppe.

"E dove troviamo un secchio?" domanda Robert.

"(Noi) non abbiamo bisogno di nessun secchio. Io guido molto vicino al mare. Prendiamo l'acqua del mare", dice Giuseppe e guida molto vicino all'acqua. Le ruote anteriori entrano in acqua e le onde li bagnano.

"Scendiamo e incominciamo a lavare", dice Robert.

"Aspetta un momento. Mi avvicino un po' di più", dice Giuseppe e guida uno o due metri oltre, "Adesso è meglio".

In quel momento arriva un'onda più alta e l'acqua alza un po' il camion e lo trascina lentamente dentro l'acqua.

"Fermalo! Giuseppe, ferma il camion!" grida Robert. "Siamo già in acqua! Per favore, fermalo!"

Straße entlang. Die Transportfirma Rapid ist nicht weit vom Bauernhof. Sie kommen dort nach fünfzehn Minuten an. Dort suchen sie die Verladetür Nummer zehn.

Giuseppe fährt den Laster vorsichtig über den Hof. Sie fahren an der ersten Verladetür vorbei, an der zweiten, an der dritten, an der vierten, an der fünften, an der sechsten, an der siebten, an der achten und dann an der neunten. Giuseppe fährt zur zehnten Verladetür und hält an.

„Wir müssen erst die Ladeliste kontrollieren", sagt Robert, der schon Erfahrung mit den Ladelisten in dieser Firma hat. Er geht zum Verlader, der an der Tür arbeitet, und gibt ihm die Ladeliste. Der Verlader lädt schnell fünf Kisten in ihren Laster. Robert kontrolliert die Kisten sorgfältig. Alle Kisten haben Nummern von der Ladeliste.

„Die Nummern stimmen. Wir können jetzt gehen", sagt Robert.

„Okay", sagt Giuseppe und macht den Motor an. „Ich denke, wir können jetzt den Laster waschen. Nicht weit von hier ist ein passender Ort."

Nach fünf Minuten kommen sie an die Küste.

„Willst du den Laster hier waschen?", fragt Robert überrascht.

„Ja! Schöner Platz, nicht?", sagt Giuseppe.

„Und woher bekommen wir einen Eimer?", fragt Robert.

„Wir brauchen keinen Eimer. Ich fahre ganz nah ans Meer. Wir nehmen das Wasser aus dem Meer", sagt Giuseppe und fährt ganz nah ans Wasser. Die Vorderräder stehen im Wasser und die Wellen umspülen sie.

„Lass uns aussteigen und anfangen, zu waschen", sagt Robert.

„Warte kurz, ich fahre noch etwas näher ran", sagt Giuseppe und fährt ein, zwei Meter weiter. „So ist es besser".

Da kommt eine größere Welle und das Wasser hebt den Laster ein bisschen nach oben und trägt ihn langsam weiter ins Meer.

„Stopp! Giuseppe, halte den Laster an!" ruft Robert. „Wir sind schon im Wasser! Bitte, halte an!"

"Non si ferma!" grida Giuseppe frenando con tutte le sue forze. "Non riesco a fermarlo."
Il camion si allontana lentamente in mare galleggiando sulle onde come una piccola barca.

(continua)

„Er hält nicht an!" ruft Giuseppe und tritt mit aller Kraft die Bremse. „Ich kann ihn nicht anhalten".
Der Laster treibt langsam weiter aufs Meer und schaukelt auf den Wellen wie ein kleines Schiff.

(Fortsetzung folgt)

20

Giuseppe e Robert lavano il camion (parte 2)
Giuseppe und Robert waschen den Laster (Teil 2)

A

Vocaboli

1. alimentare - füttern
2. assassino/assassina - Schwert...
3. balena - -r Wal; orca assassina—r Schwertwal
4. caro/cara- lieb
5. cerimonia - -e Zeremonie
6. cisterna - -r Tank
7. controllo - -e Kontrolle
8. costa - -e Küste
9. costante - beständig
10. destro/destra - recht
11. dirigere, guidare - führen
12. discorso - -e Rede
13. domani - morgen
14. erano /stavano - waren
15. esempio - -s Beispiel; per esempio - zum Beispiel
16. fa - vor; un anno fa - vor einem Jahr
17. fluire - fließen
18. fotografare - fotografieren; fotografo - -r Fotograf
19. galleggiando - schaukelnd
20. giornalista - -r Journalist
21. godere, divertirsi - Spaß haben
22. incidente - -r Unfall
23. informare - informieren

24. ingoiare - verschlucken
25. inquinare - verschmutzen
26. liberare - frei machen / befreien
27. licenziare - feuern
28. mai - nie
29. meraviglioso/meravigliosa - wunderbar
30. nuotare - schwimmen
31. olio - -s Öl
32. per - für
33. pulito - sauber
34. quale - welcher
35. riabilitare - gesund pflegen
36. riabilitazione - Rehabilitation
37. ridere - lachen
38. riscattare - befreien
39. servizio di soccorso - -e Rettungsdienst
40. si cerca - man sucht
41. sinistra - links
42. situazione - -e Situation
43. soldi - -s Geld
44. succedere - passieren; successe - es passiert
45. uccello - -r Vogel
46. venticinque - fünfzehn
47. vento - -r Wind

Giuseppe e Robert lavano il camion (parte 2)

Giuseppe und Robert waschen den Laster (Teil 2)

Il camion si allontana lentamente in mare galleggiando sulle onde come una piccola barca.
Giuseppe gira il volante a sinistra e a destra frenando e accelerando. Ma non riesce a controllare il camion. Un forte vento lo spinge lungo la costa. Giuseppe e Robert non sanno cosa fare. Rimangono lì seduti e guardano dal finestrino. L'acqua del mare comincia a entrare dentro il camion.
"Usciamo e sediamoci sul tetto", dice Robert.
Loro si siedono sul tetto.
"Mi domando cosa dirà il Sig. Giacomoi?" dice Robert.
Il camion galleggia lentamente a circa venti metri dalla costa. Alcune persone sulla costa si fermano e guardano sorprese.
"Il Sig. Giacomoi ci licenzierà di sicuro", risponde Giuseppe.

Intanto il rettore dell'università, il Sig. Ferrara, arriva nel suo ufficio. La segretaria gli dice che oggi c'è una cerimonia. Libereranno due uccelli dopo la guarigione. I lavoratori del centro di riabilitazione li hanno puliti dall'olio che li aveva imbrattati dopo l'incidente con la cisterna Big Pollution.

Der Laster treibt langsam weiter aufs Meer und schaukelt auf den Wellen wie ein kleines Schiff.

Giuseppe lenkt nach links und nach rechts, während er auf die Bremse und aufs Gas tritt. Aber er kann den Laster nicht kontrollieren. Ein starker Wind trägt ihn die Küste entlang. Giuseppe und Robert wissen nicht, was sie tun sollen. Sie sitzen einfach da und schauen aus dem Fenster. Das Meerwasser beginnt, in den Laster zu laufen.
„Lass uns nach draußen gehen und uns aufs Dach setzen", sagt Robert.
Sie setzen sich aufs Dach.
„Ich frage mich, was Herr Giacomoi sagen wird", sagt Robert.
Der Laster treibt langsam etwa zwanzig Meter von der Küste entfernt. Einige Leute an der Küste bleiben stehen und schauen verwundert.
„Herr Giacomoi wird uns wohl feuern", antwortet Giuseppe.

In der Zwischenzeit kommt der Direktor der Universität, Herr Ferrara, in sein Büro. Die Sekretärin sagt ihm, dass es heute eine Feier gibt. Sie werden zwei Vögel nach deren Genesung freisetzen. Arbeiter des Rehabilitationszentrums haben sie nach dem Unfall mit dem Tanker Big Pollution von Öl gesäubert. Der Unfall passierte

L'incidente è successo un mese fa. Il Sig. Ferrara deve fare un discorso. La cerimonia comincia fra venticinque minuti.

Il Sig. Ferrara e la sua segretaria prendono un tassì e in dieci minuti arrivano al luogo della cerimonia. I due uccelli già sono lì. Ora non sono bianchi come sono normalmente. Ma adesso possono nuotare e volare di nuovo. Ci sono molte persone, giornalisti e fotografi. Due minuti dopo comincia la cerimonia. Il Sig. Ferrara comincia il suo discorso.

"Cari amici!" dice lui. "Un mese fa in questo luogo avveniva l'incidente con la cisterna Big Pollution. (Noi) dobbiamo riabilitare ancora molti uccelli e animali. Questo costa molti soldi. Per esempio la riabilitazione di questi due uccelli costa 5.000 euro! E sono contento di potervi annunciare che dopo un mese di riabilitazione questi due meravigliosi uccelli saranno ora liberati".

Due uomini prendono una cassa con gli uccelli, la portano vicino all'acqua e la aprono. Gli uccelli escono dalla cassa e saltano nell'acqua nuotando. I fotografi scattano fotografie. I giornalisti intervistano i lavoratori del centro di riabilitazione sugli animali.

Improvvisamente una grande orca emerge dall'acqua, ingoia rapidamente i due uccelli e riscompare. Tutte le persone guardano il punto in cui si trovavano gli uccelli poco prima. Il rettore dell'università non crede ai suoi occhi. L'orca riemerge cercando altri uccelli. Siccome non ci sono altri uccelli, torna in acqua un'altra volta. Ora il Sig. Ferrara deve finire il suo discorso.

"Ah…" (lui) cerca le parole giuste. "Il meraviglioso, costante flusso della vita non si ferma mai. Gli animali grandi mangiano quelli piccoli e così via… ah… Cos'è quello?" dice guardando verso l'acqua. Tutti guardano l'acqua e vedono un grosso camion che galleggia lungo la costa spinto dalle onde come una barca. Due ragazzi seduti sul camion guardano verso il luogo della cerimonia.

vor einem Monat. Herr Ferrara muss dort eine Rede halten. Die Feier beginnt in fünfundzwanzig Minuten.

Herr Ferrara und seine Sekretärin nehmen ein Taxi und kommen nach zehn Minuten am Ort der Feier an. Die zwei Vögel sind bereits da. Jetzt sind sie nicht so weiß wie normalerweise. Aber sie können wieder schwimmen und fliegen. Es sind viele Menschen, Journalisten und Fotografen da. Zwei Minuten später beginnt die Feier. Herr Ferrara beginnt seine Rede.

„Liebe Freunde", sagt er. „Vor einem Monat passierte an dieser Stelle der Unfall mit dem Tanker Big Pollution. Wir müssen jetzt viele Vögel und Tiere gesund pflegen. Das kostet viel Geld. Die Rehabilitation dieser zwei Vögel zum Beispiel kostet fünftausend Euro. Und es freut mich, Ihnen mitteilen zu können, dass diese zwei wunderbaren Vögel nach einem Monat Rehabilitation freigesetzt werden."

Zwei Männer nehmen die Kiste mit den Vögeln, bringen sie zum Wasser und öffnen sie. Die Vögel kommen aus der Kiste, springen ins Wasser und schwimmen. Die Fotografen machen Fotos. Die Journalisten befragen Arbeiter des Rehabilitationszentrums über die Tiere.

Plötzlich taucht ein großer Schwertwal auf, schluckt schnell die zwei Vögel hinunter und verschwindet wieder. Alle Leute sehen auf die Stelle, an der die Vögel zuvor gewesen waren. Der Direktor der Universität traut seinen Augen nicht. Der Schwertwal taucht wieder auf und sucht nach mehr Vögeln. Da es keine Vögel mehr gibt, verschwindet er wieder. Herr Ferrara muss seine Rede beenden.

„Ähm…" Er sucht nach passenden Worten. „Der wundervolle, beständige Fluss des Lebens hört nie auf. Größere Tiere essen kleinere Tiere und so weiter… Ähm… Was ist das?", fragt er aufs Wasser schauend. Alle schauen aufs Wasser und sehen einen großen Laster, der die Küste entlang treibt und auf den Wellen schaukelt wie ein Schiff. Zwei Jungen sitzen auf ihm und schauen zum Platz der Feier.

"Salve Sig. Ferrara", dice Robert. "Perchè dà uccelli in pasto alle orche?"
"Salve Robert", risponde il Sig. Ferrara, "Cosa fate lì ragazzi?"
"(Noi) volevamo lavare il camion", risponde Giuseppe.
"Capisco", dice il Sig. Ferrara. Alcune persone cominciano a farsi beffe della situazione. Cominciano a ridere.
"Bene, adesso chiamo il carro attrezzi. (Loro) vi tireranno fuori dall'acqua. E (io) voglio vedervi nel mio ufficio domani", dice il rettore dell'università e chiama il carro attrezzi.

„Hallo Herr Ferrara", sagt Robert. „Warum füttern Sie Schwertwale mit Vögeln?"
„Hallo Robert", antwortet Herr Ferrara. „Was macht ihr da, Jungs?"
„Wir wollten den Laster waschen", sagt Giuseppe.

„Alles klar", sagt Herr Ferrara. Einige Leute beginnen, an der Situation ihren Spaß zu haben. Sie fangen an, zu lachen.
„Gut, ich rufe jetzt den Rettungsdienst. Der wird euch aus dem Wasser holen. Und ich möchte euch morgen in meinem Büro sehen", sagt der Direktor der Universität und ruft den Rettungsdienst.

21

Un'ora di lezione
Eine Unterrichtsstunde

A

Vocaboli

1. altro - andere
2. ancora - noch
3. attenzione - -e Vorsicht
4. aula - -e Klasse
5. bambini - die Kinder
6. brocca - -e Kanne
7. cosa - -e Dinge
8. esame, prova - -e Prüfung
9. felicitá - -e Glück
10. fra - zwischen
11. genitori - die Eltern
12. il quale - der
13. importante - wichtig
14. invece - statt
15. leggermente - ein Bisschen
16. medico - -r Arzt
17. meno - weniger
18. perdere - verlieren
19. piccolo - klein
20. potrei - könnte (konditional); Io potrei leggerlo se… - Ich könnte es lesen wenn…
21. prendere cura di - sorgen für
22. queste cose - diese Dinge
23. ragazza - -e Freundin
24. ragazzo - -r Freund

25. realmente, veramente - wirklich
26. rimanere - bleiben
27. roccia/pietra - -r Stein
28. sabbia - -r Sand
29. salute - -e Gesundheit
30. sempre - immer
31. senza - ohne
32. spendere - ausgeben
33. televisione - -s Fernsehen
34. versare - gießen
35. vuoto - leer

B

Un'ora di lezione

Il rettore dell'università è di fronte alla classe. Sul tavolo davanti a lui ci sono alcune scatole ed altre cose. Quando comincia la lezione (lui) prende un grande vaso vuoto e senza dire una parola lo riempie di grandi pietre.
"(Voi) pensate che il vaso sia già pieno?" domanda il Sig. Ferrara agli studenti.
"Si lo è", dicono gli studenti.
Allora lui prende una scatola con pietre molto piccole e le versa nel vaso. Muove un po' il vaso. Le pietre piccole, logicamente, riempiono lo spazio fra le pietre grandi.
"Cosa pensate adesso? Il vaso è già pieno, o no?" domanda nuovamente il Sig. Ferrara.
"Sì. lo è. Adesso è pieno", concordano nuovamente gli studenti. Loro cominciano a prendere gusto alla lezione. (Loro) ridono.
Allora il Sig. Ferrara prende una scatola di sabbia e la versa nel vaso. Logicamente, la sabbia riempie gli spazi rimanenti.
"Adesso vorrei che voi vedeste questo vaso come la vita umana. Le pietre grandi sono le cose importanti- la vostra famiglia, la vostra ragazza o il vostro ragazzo, la salute, i figli, i genitori- cose che continuano a riempire la vostra vita anche se (voi) perdete tutto e rimangono solo queste. Le pietre piccole sono le altre cose che sono meno importanti. Cose come la vostra casa, il lavoro, l'auto. La sabbia rappresenta tutto il resto, le cose piccole. Se mettete prima la sabbia nel vaso, non rimane spazio per le pietre piccole o le grandi. Lo stesso succede nella vita. Se (voi) impegnate tutto il tempo e tutta l'energia per le piccole cose, non avrete spazio per le cose che sono importanti per voi. Fate attenzione alle cose più

Eine Unterrichtsstunde

Der Direktor der Universität steht vor der Klasse. Auf dem Tisch vor ihm liegen Kisten und andere Dinge. Als der Unterricht beginnt, nimmt er einen großen, leeren Krug und füllt ihn wortlos mit großen Steinen.
„Meint ihr, dass der Krug schon voll ist?", fragt Herr Ferrara die Studenten.
„Ja, das ist er", stimmen die Studenten zu.
Da nimmt er eine Kiste mit sehr kleinen Steinen und schüttet sie in den Krug. Er schüttelt den Krug leicht. Die kleinen Steine füllen natürlich den Platz zwischen den großen Steinen.
„Was meint ihr jetzt? Der Krug ist voll, oder nicht?", fragt Herr Ferrara wieder.
„Ja, das ist er. Er ist jetzt voll", stimmen die Studenten wieder zu. Der Unterricht beginnt, ihnen Spaß zu machen. Sie lachen.
Da nimmt Herr Ferrara eine Kiste mit Sand und schüttet ihn in den Krug. Der Sand füllt natürlich den restlichen Platz.
„Jetzt möchte ich, dass ihr in diesem Krug das Leben seht. Die großen Steine sind wichtige Dinge - eure Familie, eure Freundin oder euer Freund, Gesundheit, Kinder, Eltern - Dinge, die euer Leben, wenn ihr alles verliert und nur sie bleiben, weiterhin füllen. Kleine Steine sind andere Dinge, die weniger wichtig sind. Dinge wie euer Haus, Job, Auto. Der Sand ist alles andere - die kleinen Dinge. Wenn ihr zuerst Sand in den Krug füllt, bleibt kein Platz für kleine oder große Steine. Das Gleiche gilt fürs Leben. Wenn ihr eure ganze Zeit und Energie für die kleinen Dinge verwendet, werdet ihr nie Platz für die Dinge haben, die euch wichtig sind. Achtet auf Dinge, die für euer Glück am wichtigsten sind. Spielt mit euren Kindern oder Eltern. Nehmt

importanti per la vostra felicità. Giocate con i vostri figli o genitori. Trovate tempo per farvi i controlli medici. Andate con il vostro ragazzo o la vostra ragazza al bar. Rimarrà sempre tempo per lavorare, per pulire la casa e per vedere la televisione", dice il Sig. Ferrara, "Prendetevi cura prima delle pietre grandi - delle cose che sono veramente importanti. Tutto il resto è solo sabbia". (Lui) guarda gli studenti, "Ora, Robert e Giuseppe, cos'è più importante per voi: lavare un camion o le vostre vite? Voi avete galleggiato in un camion come se fosse una barca nel mare in cui nuotavano delle orche solo perchè (voi) volevate lavare il camion. (Voi) non pensate che non ci fosse un altro modo per lavarlo?"
"No, non pensiamo così", dice Giuseppe.
"Invece, si può lavare un camion in un autolavaggio, o no?" dice il Sig. Ferrara.
"Sì, si può fare", dicono gli studenti.
"(Voi) dovete sempre pensare prima di agire. Dovete sempre preoccuparvi delle pietre grandi, okay?"
"Sì, è vero", rispondono gli studenti.

euch die Zeit für medizinische Untersuchungen. Geht mit eurer Freundin oder eurem Freund ins Cafè. Es wird immer Zeit bleiben, um zu arbeiten, das Haus zu putzen oder fernzusehen", sagt Herr Ferrara. „Kümmert euch erst um die großen Steine - um die Dinge, die wirklich wichtig sind. Alles andere ist nur Sand." Er sieht die Studenten an. „Nun, Robert und Giuseppe, was ist euch wichtiger - einen Laster zu waschen oder euer Leben? Ihr treibt auf einem Laster im Meer wie auf einem Schiff, nur weil ihr den Laster waschen wolltet. Glaubt ihr, dass es keine andere Möglichkeit gibt, ihn zu waschen?"

„Nein, das glauben wir nicht", sagt Giuseppe. „Man kann einen Laster stattdessen in einer Waschanlage waschen, nicht wahr?", sagt Herr Ferrara.
„Ja, das kann man", sagen die Studenten.
„Ihr müsst immer erst nachdenken, bevor ihr handelt. Ihr müsst euch immer um die großen Steine kümmern, okay?"
„Ja, das müssen wir", antworten die Studenten.

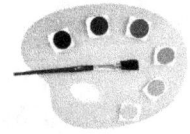

22

Paul lavora in una casa editrice
Paul arbeitet in einem Verlag

A

Vocaboli

1. abilitá, conoscenze - -e Fähigkeit
2. all'aria libera, all'aria aperta - draußen
3. almeno - mindestens
4. bip - -r Piepton
5. camminando - laufend
6. chiamare, telefonare - anrufen
7. ciao - hallo
8. cliente - -r Kunde
9. comporre - entwerfen, schreiben
10. composizione, tema, articolo - -s Auftrag
11. coordinazione - -e Koordination
12. creativo - kreativ
13. di fronte - vor
14. differente, diverso - anders
15. difficile - schwierig
16. ditta, azienda - -e Firma
17. divertente - lustig
18. dormendo - schlafend
19. durante - während
20. ecc - usw.
21. freddo (agg) - kalt (adj); freddezza - Kühle
22. futuro - -e Zukunft
23. giocando - spielend
24. giornale - -e Zeitung

25. Il più spesso possibile - so oft wie möglich
26. incidere - einspielen
27. mondo - -e Welt
28. naso - -r Nase
29. nessuno - niemand
30. niente - nichts
31. ottenere - erhalten/erreichen
32. parlare, chiaccherare - sprechen/schwätzen
33. pensiero, pensato - -r Gedanke
34. pioggia - -r Regen
35. possibile - möglich
36. produrre, fabbricare - herstellen
37. professione - -r Beruf
38. pronto - fertig
39. regola - -e Regel
40. rifiutare - ablehnen
41. rivista - -e Zeitschrift
42. scale - -e Treppe
43. scuro - dunkel
44. segreteria telefonica - answering machine
45. significare - bedeuten
46. specialmente - besonders
47. storia - -s Geschichte
48. sviluppare - entwickeln
49. testo - -r Text
50. trenta - dreizehn
51. triste - traurig
52. umano - -r Mensch; umano (agg) - menschlich (adj)
53. vendere - verkaufen
54. visto che, come - da

B

Paul lavora in una casa editrice

Paul lavora come giovane aiutante nella casa editrice "All-Round". (Lui) lavora in redazione.
"Paul, la nostra ditta si chiama 'All-Round'", dice il titolare della ditta, il Sig. Pieri, "E questo vuol dire che noi possiamo sviluppare per qualsiasi cliente qualsiasi tipo di testo e di design. Noi riceviamo molte richieste di lavoro da giornali, riviste ed altri clienti. Tutte le richieste sono diverse, ma (noi) non ne decliniamo mai nessuna".
A Paul piace molto questo lavoro perchè lui può sviluppare le sue abilità creative. A lui piace il lavoro creativo come la scrittura ed il design. Siccome (lui) studia design all'università, questo è un lavoro adatto per la sua professione futura.
Oggi il Sig. Pieri ha dei nuovi compiti per lui. "Noi abbiamo alcune richieste. Tu puoi occuparti di due di queste", dice il Sig. Pieri. "La prima richiesta è di una ditta telefonica. (Loro) fabbricano telefoni con segreteria telefonica. Hanno bisogno di alcuni testi divertenti per le segreterie. Niente si vende meglio delle cose divertenti. Butta giù quattro

Paul arbeitet in einem Verlag

Paul arbeitet als junger Helfer im Verlag „All-Round". Er erledigt Schreibarbeiten.

„Paul, unsere Firma heißt ‚All-Round'", sagt der Firmenchef Herr Pieri. „Und das heißt, dass wir für jeden Kunden jede Art von Text und Design entwickeln können. Wir bekommen viele Aufträge von Zeitungen, Zeitschriften und anderen Kunden. Alle Aufträge sind verschieden, aber wir lehnen nie einen ab."

Paul mag diesen Job sehr, da er kreative Fähigkeiten entwickeln kann. Kreative Arbeit wie Schreiben und Design gefällt ihm. Da er Design an der Universität studiert, ist es ein passender Job für seinen zukünftigen Beruf.

Heute hat Herr Pieri neue Aufgaben für ihn. „Wir haben einige Aufträge. Du kannst zwei davon erledigen", sagt Herr Pieri. „Der erste Auftrag ist von einer Telefonfirma. Sie stellen Telefone mit Anrufbeantwortern her. Sie brauchen ein paar lustige Texte für die Anrufbeantworter. Nichts verkauft sich besser als etwas Lustiges. Entwirf bitte vier, fünf Texte."

o cinque testi, per favore".
"Quanto devono essere lunghi?" domanda Paul.
"Possono essere da cinque a trenta parole", risponde il Sig. Pieri, "La seconda richiesta è della rivista 'Mondo Verde'. Questa rivista scrive di animali, uccelli, pesci, ecc. Hanno bisogno di un testo su un qualsiasi animale domestico. Può essere divertente o triste, o solo una storia sul tuo animale personale. Hai un animale?"
"Sì, ho un gatto. Il suo nome è Favorito", risponde Paul. "E penso che possa scrivere una storia sui suoi scherzi. Quando devono essere pronti i testi?"
"Queste due richieste devono essere pronte entro domani", risponde il Sig. Pieri.
"D'accordo. Posso cominciare adesso?" domanda Paul.
"Sì", dice il Sig. Pieri.

Paul porta i testi il giorno dopo. Ha cinque testi per le segreterie. Il Sig. Pieri li legge:
1. "Pronto. Adesso devi dire qualcosa".
2. "Pronto. Io sono una segreteria telefonica. E tu chi sei?"
3. "Pronto. A parte la mia segreteria, a casa non c'è mai nessuno. Quindi puoi far conversazione con lei invece che con me. Aspetta il bip".
4. "Questa non è una segreteria. È un ricevitore di pensieri. Dopo il beep, pensa al tuo nome, al motivo della telefonata e al numero al quale posso richiamarti. Penserò se ritelefonarti o no".
5. "Parli dopo il beep! Ha il diritto di rimanere in silenzio. Registrerò e userò contro di lei tutto quello che dice".
"Non male. E cos'hai scritto sugli animali?" domanda il Sig. Pieri. Paul gli dà un altro foglio. Il Sig. Pieri legge:

Regole per gatti
Quando cammini:
Cammina il più spesso possibile svelto e vicino a un umano, specialmente: sulle scale, quando hanno qualcosa in mano, allo scuro e quando si

"Wie lang sollen sie sein?", fragt Paul.

"Sie können fünf bis dreißig Wörter haben", antwortet Herr Pieri. "Der zweite Auftrag ist von der Zeitschrift ‚Grüne Welt'. Diese Zeitschrift schreibt über Tiere, Vögel, Fische usw. Sie brauchen einen Text über irgendein Haustier. Er kann lustig oder traurig sein oder einfach eine Geschichte über dein eigenes Haustier. Hast du ein Haustier?"

"Ja, ich habe eine Katze. Sie heißt Favorite", antwortet Paul. "Und ich denke, ich kann eine Geschichte über ihre Streiche schreiben. Wann sollen die Texte fertig sein?"

"Diese zwei Aufträge sollen bis morgen fertig sein", antwortet Herr Pieri.

"Gut. Kann ich anfangen?", fragt Paul.

"Ja", sagt Herr Pieri.

Paul bringt die Texte am nächsten Tag. Er hat fünf Texte für den Anrufbeantworter. Herr Pieri liest sie:
1. „Hallo. Jetzt musst du etwas sagen."
2. „Hallo, ich bin ein Anrufbeantworter. Und was bist du?"
3. „Hallo. Außer meinem Anrufbeantworter ist gerade niemand zu Hause. Du kannst dich mit ihm unterhalten. Warte auf den Piepton."
4. „Das ist kein Anrufbeantworter. Das ist ein Gedankenaufnahmegerät. Nach dem Piepton denke an deinen Namen, den Grund, aus dem du anrufst, und die Nummer, unter der ich dich zurückrufen kann. Und ich werde darüber nachdenken, ob ich dich zurückrufe."
5. „Sprechen Sie nach dem Piepton! Sie haben das Recht, Ihre Aussage zu verweigern. Ich werde alles, was Sie sagen, aufzeichnen und verwenden."
„Nicht schlecht. Und was ist mit den Tieren?", fragt Herr Pieri. Paul gibt ihm ein anderes Blatt. Herr Pieri liest:

Regeln für Katzen
Laufen:
Renne so oft wie möglich schnell und nahe an einem Menschen vorbei, vor allem: auf Treppen, wenn sie etwas tragen, im Dunkeln und wenn sie

alzano al mattino. Questo allena la loro coordinazione.
A letto:
la notte dormi sempre sopra un umano, così lui o lei non potrà muoversi nel letto. Cerca di metterti sopra il suo viso. Assicurati che la tua coda sia proprio sopra il suo naso.
Dormire:
per avere abbastanza energia per il gioco, un gatto deve dormire molto (almeno 16 ore al giorno). Non è difficile trovare un posto adeguato per dormire. Qualsiasi posto dove un umano si siede volentieri, va bene. All'aria aperta ci sono anche molti posti. Ma non puoi usarli quando piove o quando fa freddo. Invece puoi usare le finestre aperte.
Il Sig. Pieri ride.
"Buon lavoro Paul! (Io) penso che alla rivista 'Mondo Verde' piacerà il tuo articolo", dice (lui).

morgens aufstehen. Das trainiert ihre Koordination.
Im Bett:
Schlafe nachts immer auf dem Menschen, damit er sich nicht umdrehen kann. Versuche, auf seinem Gesicht zu liegen. Vergewissere dich, dass dein Schwanz genau auf seiner Nase liegt.
Schlafen:
Um genug Energie zum Spielen zu haben, muss eine Katze viel schlafen (mindestens sechzehn Stunden am Tag). Es ist nicht schwer, einen passenden Schlafplatz zu finden. Jeder Platz, an dem ein Mensch gerne sitzt, ist gut. Draußen gibt es auch viele gute Plätze. Du kannst sie aber nicht verwenden, wenn es regnet oder kalt ist. Du kannst stattdessen das offene Fenster verwenden.
Herr Pieri lacht.
„Gute Arbeit, Paul! Ich denke, die Zeitschrift ‚Grüne Welt' wird deinen Entwurf mögen", sagt er.

23

Regole per gatti
Katzenregeln

A

Vocaboli

1. amore - -e Liebe; amare - lieben
2. baciare - küssen
3. bambino - -s Kind
4. buono, gustoso - lecker
5. compito - die Hausaufgaben
6. cucinando - kochend
7. dietro - hinter
8. dimenticare - vergessen
9. divertimento - Spaß
10. fingere - vorspielen
11. gamba - -e Beine
12. gestire, riuscire - führen/leiten
13. invitato/invitata - -r Gast
14. leggendo - lesend
15. mistero - -s Geheimnis
16. mordere - stechen
17. moscerino, zanzara - Stechmücke
18. nascondere - verstecken; nascondino - -s Versteckspiel
19. ottenere - erreichen, bekommen
20. passo - -r Schritt;
21. pasto - -e Mahlzeit
22. pensando - denkend
23. pianeta - -r Planet
24. piatto - -r Teller
25. pochi/poche - wenig

26. possibilitá, opportunitá - -e Möglichkeit
27. qualche cosa - etwas
28. qualche volta, ogni tanto - manchmal
29. rubare - stehlen
30. scappare/fuggire - entgehen
31. scuola - -e Schule
32. sebbene - obwohl
33. segreto - geheim
34. sentire panico - in Panik geraten
35. stagione - -e Jahreszeit
36. strofinarsi - sich reiben
37. tastiera - -e Tastatur
38. tempo - -s Wetter
39. totale - ganz
40. WC - -e Toilette

B

Regole per Gatti

"La rivista 'Mondo Verde' ci ha assegnato una nuova commessa", dice il Sig. Pieri a Paul il giorno seguente. "Questa richiesta è per te. A loro è piaciuto il tuo racconto e vogliono un testo più lungo su 'Regole per Gatti'".
Paul impiega due giorni per scrivere questo testo. Eccolo qui.

Regole segrete per gatti

Sebbene i gatti siano gli animali migliori e più meravigliosi di questo pianeta, alcune volte fanno cose molto strane. Un umano è riuscito a carpire alcuni segreti dei gatti. Queste sono regole di vita per dominare il mondo! Rimane comunque ancora un segreto, come queste regole possano aiutare i gatti.
Bagni:
Vai sempre con gli ospiti al bagno ed al WC. (Tu) non devi fare niente. Stai semplicemente seduto lì, guarda e ogni tanto strofinati contro le loro gambe.
Porte:
Tutte le porte devono essere aperte. Per aprire una porta, accucciati con sguardo triste davanti all'umano. Quando (lui) apre la porta, non devi uscire. Dopo che sei riuscito ad aprire la porta d'entrata in questo modo, fermati sulla porta e pensa a qualcosa. Questo è particolarmente importante quando fa molto freddo, o quando piove, o durante la stagione delle zanzare.
Cucinare:
Siediti sempre proprio dietro il piede destro

Katzenregeln

„Die Zeitschrift ‚Grüne Welt' hat uns einen neuen Auftrag erteilt", sagt Herr Pieri am nächsten Tag zu Paul. „Und dieser Auftrag ist für dich. Ihnen hat dein Entwurf gefallen und sie wollen einen längeren Text über ‚Katzenregeln'."

Paul braucht zwei Tage für diesen Text. Hier ist er.

Geheime Regeln für Katzen

Obwohl Katzen die besten und wundervollsten Tiere auf diesem Planeten sind, tun sie manchmal sehr seltsame Dinge. Einem Menschen ist es gelungen, ein paar Katzengeheimnisse zu stehlen. Es sind Lebensregeln, um die Weltherrschaft zu übernehmen! Es bleibt jedoch ein Rätsel, wie diese Regeln den Katzen helfen sollen.

Badezimmer:
Gehe immer mit Gästen ins Badezimmer und auf die Toilette. Du musst nichts tun. Sitze einfach nur da, sieh sie an und reibe dich ab und zu an ihren Beinen.
Türen:
Alle Türen müssen offen sein. Um eine Tür zu öffnen, stelle dich mit einem traurigen Blick vor den Menschen. Wenn er eine Tür öffnet, musst du nicht durchgehen. Wenn du auf diese Weise die Haustür geöffnet hast, bleibe in der Tür stehen und denke nach. Das ist vor allem wichtig, wenn es sehr kalt ist oder regnet oder in der Stechmückenzeit.

Kochen:
Setze dich immer genau hinter den rechten Fuß von

dell'umano che sta cucinando. Così lui non potrà vederti e hai più possibilità che s'inciampi su di te. Quando questo succede, (loro) ti prendono in braccio e ti danno qualcosa buono da mangiare.

Leggere:
Cerca di avvicinarti al viso dell'umano che sta leggendo, fra i suoi occhi e il libro. La cosa migliore è allungarsi sul libro.

Compiti dei bambini:
Allungati sui libri e quaderni e fai finta di dormire. Ogni tanto salta sulla penna. Mordi se il bambino cerca di mandarti via dal tavolo.

Computer:
Se un umano lavora al computer, salta sul tavolo e cammina sulla tastiera.

Mangiare:
I gatti devono mangiare molto. Ma mangiare è solo la metà del divertimento. L'altra metà è ottenere il cibo. Quando gli umani mangiano, metti la coda nei loro piatti quando (loro) non stanno guardando. Così avrai più opportunitá di ottenere un intero piatto di cibo. Non mangiare mai dal tuo piatto se puoi prendere qualcosa dal tavolo. Non bere mai dalla tua ciotola d'acqua se puoi bere dal bicchiere di un umano.

Nascondersi:
Nasconditi in posti dove gli umani non possano trovarti per un paio di giorni. Questo getta gli umani nel panico (che a loro piace molto), perchè pensano che sia fuggito. Quando tu vieni fuori dal nascondiglio, ti baceranno e ti dimostreranno il loro amore. E forse ricevi qualcosa di buono da mangiare.

Umani:
Il compito degli umani è darci da mangiare, giocare con noi e pulire la nostra cesta. È importante che non si dimentichino chi è il padrone di casa.

kochenden Menschen. So können sie dich nicht sehen und die Chance ist größer, dass sie auf dich treten. Wenn das passiert, nehmen sie dich auf den Arm und geben dir etwas Leckeres zu essen.

Lesen:
Versuche, nahe an das Gesicht der lesenden Person zu kommen, zwischen Augen und Buch. Am besten ist es, sich auf das Buch zu legen.

Hausaufgaben der Kinder:
Lege dich auf Bücher und Hefte und tue so, als ob du schläfst. Springe von Zeit zu Zeit auf den Stift. Beiße, falls ein Kind versucht, dich vom Tisch zu verscheuchen.

Computer:
Wenn ein Mensch am Computer arbeitet, springe auf den Tisch und laufe über die Tastatur.

Essen:
Katzen müssen viel essen. Aber Essen ist nur der halbe Spaß. Die andere Hälfte ist, das Essen zu bekommen. Wenn Menschen essen, lege deinen Schwanz auf ihren Teller, wenn sie nicht hinsehen. Damit vergrößerst du deine Chancen, einen ganzen Teller Essen zu bekommen. Iss nie von deinem eigenen Teller, wenn du Essen vom Tisch nehmen kannst. Trink nie aus deiner eigenen Schüssel, wenn du aus der Tasse eines Menschen trinken kannst.

Verstecken:
Verstecke dich an Orten, an denen dich Menschen ein paar Tage lang nicht finden können. Das wird die Menschen in Panik versetzen (was sie lieben), weil sie glauben, dass du weggelaufen bist. Wenn du aus deinem Versteck hervorkommst, werden sie dich küssen und dir ihre Liebe zeigen. Und du bekommst vielleicht etwas Leckeres.

Menschen:
Die Aufgabe des Menschen ist, uns zu füttern, mit uns zu spielen und unsere Kiste sauber zu machen. Es ist wichtig, dass sie nicht vergessen, wer der Chef im Haus ist.

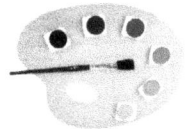

24

Lavoro di gruppo
Gruppenarbeit

A

Vocaboli

1. accendere - anmachen
2. agitò - (er/sie) schüttelte
3. amato - geliebt
4. ammazzato - umgebracht
5. ballare - tanzen; ballando - tanzend;
6. bello/bella - schön
7. cadere - fallen, caduto - gefallen
8. capitano - -r Kapitän
9. centrale - zentral
10. collega - -r Kollege
11. cominciare - beginnen
12. continuare - fortsetzen; continuato - fortgesetzt
13. contro - gegen
14. corto/corta - kurz
15. detto - gesagt
16. distruggere - zerstören
17. estraterrestre - -r Außerirdische
18. fermò - stoppte
19. finito - beendet
20. fino - bis
21. fiore - -e Blume
22. giardino - -r Garten
23. girando - drehend
24. guardato - angeschaut
25. guerra - -r Krieg
26. ho avuto - gehabt haben
27. informato - informiert
28. insegnare - lehren
29. laser - -r Laser
30. lavorando - arbeitend
31. mille milioni - Billion

32. mille, mila - Tausend
33. morire - sterben, morí - er/sie starb
34. mosso, commosso - bewegt
35. nave spaziale - -e Raumschiff
36. prendere parte - teilnehmen
37. presto - bald
38. radar - -r Radar
39. radio - -s Radio
40. ricordato - erinnert
41. segnalato - gemeldet
42. sentito - gehört
43. seppi, conobbi - ich wusste
44. seriale - reihenweise
45. sorrise - lächelte
46. spazio - -r Raum
47. televisore - -s Fernsehen
48. Terra - -e Erde
49. uno o l'altro - der Eine oder Andere
50. uscì - er/sie ging raus
51. uscì correndo - er/sie rannte nach draußen
52. venne - kam

B

Lavoro di gruppo

Giuseppe vuole diventare giornalista. Lui studia all'università. Oggi ha una lezione di composizione scritta. Il Sig. Ferrara insegna agli studenti come scrivere un articolo.
"Cari amici", dice (lui), "alcuni di voi lavoreranno per case editrici, giornali o riviste, radio o televisione. Questo significa che lavorerete in gruppo. Non è facile lavorare in gruppo. Vorrei che ora voi cercaste di scrivere un articolo giornalistico in gruppo. Ho bisogno di un ragazzo e una ragazza".
Molti degli studenti vogliono far parte del lavoro di gruppo. Il Sig. Ferrara sceglie Giuseppe e Carol. Carol viene dagli Stati Uniti ma parla molto bene l'italiano.
"Per favore, sedetevi a questo tavolo. Adesso (voi) siete colleghi", dice loro il Sig. Ferrara. "(Voi) scriverete un breve testo. Uno di voi incomincia il testo e poi lo passa al suo collega. Il collega legge il testo e lo continua. Poi lo ridarà al suo collega, il primo lo legge e lo continua. E così via finchè finisce il tempo. Avete venti minuti".
Il Sig. Ferrara dà loro dei fogli e Carol comincia. (Lei) pensa un po' e poi scrive.

Lavoro di gruppo

Carol: Giulia guardò fuori dalla finestra. I fiori nel suo giardino si muovevano col vento come se danzassero. Si ricordò di quella sera in cui aveva ballato con Billy. Era stato un

Gruppenarbeit

Giuseppe will Journalist werden. Er studiert an der Universität. Heute hat er einen Schreibkurs. Herr Ferrara bringt den Studenten bei, Artikel zu schreiben.
"Liebe Freunde", sagt er, "ein paar von euch werden für Verlage, Zeitungen oder Zeitschriften, das Radio oder das Fernsehen arbeiten. Das bedeutet, dass ihr in einer Gruppe arbeiten werdet. Es ist nicht einfach, in einer Gruppe zu arbeiten. Ich möchte, dass ihr jetzt versucht, in einer Gruppe einen journalistischen Text zu schreiben. Ich brauche einen Jungen und ein Mädchen."
Viele Studenten wollen bei der Gruppenarbeit mitmachen. Herr Ferrara wählt Giuseppe und Carol. Carol kommt aus den USA, aber sie spricht sehr gut Italienisch.
"Setzt auch bitte an diesen Tisch. Ihr seid jetzt Kollegen", sagt Herr Ferrara zu ihnen. "Ihr werdet einen kurzen Text schreiben. Einer von euch beginnt den Text und gibt ihn dann seinem Kollegen. Der Kollege liest den Text und führt ihn fort. Dann gibt euer Kollege ihn zurück, der Erste liest ihn und führt ihn fort. Und so weiter, bis die Zeit vorbei ist. Ihr habt zwanzig Minuten."
Herr Ferrara gibt ihnen Papier und Carol fängt an. Sie denkt kurz nach und schreibt dann.

Gruppenarbeit

Carol: Julia sah aus dem Fenster. Die Blumen in ihrem Garten bewegten sich im Wind, als ob sie tanzten. Sie erinnerte sich an den Abend, an dem sie mit Billy getanzt hatte. Das war vor einem Jahr

anno prima, ma (lei) si ricordava tutto - i suoi occhi azzurri, il suo sorriso e la sua voce. Era stato un periodo felice per lei, ma ora era passato. Perchè (lui) non era più con lei?

Giuseppe: Nello stesso momento il capitano dello spazio Billy Brisk era sulla sua nave spaziale White Star. (Lui) aveva una missione importante e non aveva tempo di pensare a quella ragazza sciocca con cui aveva ballato un anno prima. Rapidamente puntò i laser della nave spaziale White Star verso gli extraterrestri. Allora accese la radio e parlò con gli extraterrestri: "Avete un'ora per arrendervi. Se in un'ora non vi arrendete, vi distruggerò". Poco prima che (lui) finisse il suo discorso, un laser extraterrestre colpì il motore sinistro della White Star. Il laser di Billy cominciò a sparare sulle navi extraterrestri ed allo stesso tempo Billy accese il motore centrale ed il motore destro. Il laser extraterrestre distrusse il motore destro in moto e la White Star sussultò fortemente. Billy cadde per terra e mentre cadeva pensava a quale nave extraterrestre avrebbe dovuto distruggere prima.

Carol: Ma (lui) battè la testa contro il suolo di metallo e morì all'istante. Prima di morire ripensò alla povera e bella ragazza che lo aveva amato e gli dispiacque molto di averla lasciata. Poco tempo dopo gli umani terminarono l'assurda guerra contro i poveri extraterrestri. Distrussero tutte le loro navi spaziali e laser e informarono gli extraterrestri che gli umani non avrebbero mai più iniziato nessuna guerra contro di loro. Gli umani dissero che volevano essere amici degli extraterrestri. Giulia era molto contenta quando ascoltò questo. Allora accese la televisione e continuò a vedere un meraviglioso programma tedesco.

Giuseppe: Poichè gli umani avevano distrutto i loro radar e laser, nessuno sapeva che le navi degli extraterrestri erano molto vicine alla Terra. Migliaia di laser extraterrestri colpirono la terra e uccisero la povera, sciocca Giulia e cinque bilioni di

gewesen, aber sie erinnerte sich an alles - seine blauen Augen, sein Lächeln, seine Stimme. Es war eine glückliche Zeit für sie gewesen, aber sie war nun vorbei. Warum war er nicht bei ihr?

Giuseppe: Zu dieser Zeit war Raumschiffkapitän Billy Brisk in seinem Raumschiff White Star. Er hatte eine wichtige Mission und keine Zeit, über dieses dumme Mädchen, mit dem er vor einem Jahr getanzt hatte, nachzudenken. Schnell richtete er den Laser der White Star auf die Raumschiffe Außerirdischer. Dann stellte er das Funkgerät an und sprach zu den Außerirdischen: „Ihr habt eine Stunde, um aufzugeben. Wenn ihr in einer Stunde nicht aufgebt, werde ich euch zerstören." Kurz bevor er seine Rede beendet hatte, traf jedoch ein Laser der Außerirdischen den linken Motor der White Star. Billys Laser begann, auf die Raumschiffe der Außerirdischen zu schießen, und gleichzeitig schaltete Billy den Hauptmotor und den rechten Motor an. Der Laser der Außerirdischen zerstörte den funktionierenden rechten Motor, und die White Star wackelte stark. Billy fiel auf den Boden und überlegte währenddessen, welches der Raumschiffe der Außerirdischen er zuerst zerstören musste.

Carol: Aber er schlug mit seinem Kopf auf dem metallenen Boden auf und war sofort tot. Bevor er starb, dachte er noch an das arme schöne Mädchen, das ihn liebte, und es tat ihm sehr leid, dass er es verlassen hatte. Kurz darauf beendeten die Menschen den dummen Krieg gegen die armen Außerirdischen. Sie zerstörten all ihre eigenen Raumschiffe und Laser und teilten den Außerirdischen mit, dass die Menschen nie wieder einen Krieg gegen sie beginnen würden. Die Menschen sagten, sie wollten Freunde der Außerirdischen sein. Julia war sehr froh, als sie davon hörte. Dann machte sie den Fernseher an und schaute eine tolle deutsche Serie weiter.

Giuseppe: Da die Menschen ihre eigenen Radare und Laser zerstört hatten, wusste niemand, dass Raumschiffe der Außerirdischen der Erde sehr nahe kamen. Tausende Laser der Außerirdischen trafen die Erde und töten die arme, dumme Julia und fünf Billionen Menschen in einer Sekunde. Die

umani in un secondo. La terra fu distrutta e i suoi frammenti volarono lontano nello spazio.

"Vedo che (voi) avete finito prima che finisse il tempo", disse il Sig. Ferrara sorridendo. "Bene, la lezione è finita. Leggeremo e commenteremo questo lavoro di gruppo durante la prossima volta".

Erde war zerstört, und ihre Teile flogen in den Weltraum hinaus.

„Wie ich sehe, habt ihr euren Text fertig, bevor die Zeit um ist", sagte Herr Ferrara lächelnd. „Gut, der Unterricht ist vorbei. Lasst uns das nächste Mal diese Gruppenarbeit lesen und darüber sprechen."

25

Robert e Giuseppe cercano un nuovo lavoro
Robert und Giuseppe suchen einen neuen Job

A

Vocaboli

1. a voce alta - laut
2. abilitá/virtú/qualitá - -e Eigenschaft
3. animale domestico - -s Haustier
4. arte - -e Kunst
5. artista - -r Künstler
6. astuto, furbo - schlau
7. avviso/annuncio - -e Anzeige
8. consulenza - -e Empfehlung
9. contadino - -r Bauer
10. cucciolo - -r Welpe
11. dottore (di ricerca) - -r Doktor
12. etá - -s Alter
13. gattino - Kätzchen
14. idea - Idee
15. trovato - gefunden
16. ingegnere - -r Ingenieur
17. intanto - während
18. leader - leader / Führer
19. mangiare - -s Essen
20. metodo - -e Methode
21. monotono - monoton/ langweilig
22. natura - -e Natur
23. personale - Personell
24. programmatore - -r Programmierer
25. questionario - Fragebogen

26. raccomandare - empfehlen;
    raccomandazione - -e Empfehlung
27. scrittore - -r Schriftsteller
28. servire - bedienen
29. sogna - träumt; sognare - träumen
30. spaniel – -r Spaniel
31. sporco/sporca - dreckig
32. stimare, valutare - schätzen
33. tedesco - deutsch
34. titolare - -r Besitzer
35. topo - -e Ratte
36. traduttore - -r Übersetzer
37. veterinario - -r Tierarzt
38. viaggiare - reisen
39. vicino - -r Nachbar

B

Robert e Giuseppe cercano un nuovo lavoro

Robert e Giuseppe sono a casa di Giuseppe. Giuseppe sta pulendo il tavolo dopo la colazione e Robert sta leggendo gli annunci e le inserzioni su un giornale. Legge la rubrica "Animali". Anche Maria, la sorella di Giuseppe, è nella stanza. (Lei) cerca di prendere il gatto che si nasconde sotto il letto.
"Ci sono molti animali gratis sul giornale. Credo che mi cercherò un gatto o un cane. Giuseppe, che ne pensi (tu)?" domanda Robert.
"Maria, smetti di dare fastidio al gatto!" dice Giuseppe con rabbia. "Beh Robert, non è una cattiva idea. Il tuo animale ti aspetta sempre a casa ed è molto contento quando torni a casa e gli dai qualcosa da mangiare. E non dimenticarti che la mattina e la sera devi uscire a passeggiare con il tuo animale o pulire la sua cuccia. Alcune volte devi pulire per terra o portare il tuo animale dal veterinario. Quindi pensaci bene prima di prendere un animale".
"Bene, qui ci sono alcuni annunci. Ascolta", dice Robert e comincia a leggere ad alta voce:
"Ho trovato un cane bianco sporco, sembra un topo. Forse ha vissuto per molto tempo per strada. Lo do in adozione a pagamento". Qui ce n'è un altro:
"Cane russo, parla russo. In adozione gratis. Anche cuccioli gratis, metà spaniel e metà dell'astuto cane del vicino".

Robert und Giuseppe suchen einen neuen Job

Robert und Giuseppe sind bei Giuseppe zu Hause. Giuseppe macht den Tisch nach dem Frühstück sauber, und Robert liest Anzeigen und Inserate in der Zeitung. Er liest die Rubrik ‚Tiere'. Giuseppes Schwester Maria ist auch im Zimmer. Sie versucht, die Katze, die sich unterm Bett versteckt, zu fangen.
„Es gibt so viele kostenlose Tiere in der Zeitung. Ich denke, ich werde mir eine Katze oder einen Hund aussuchen. Was meinst du, Giuseppe?", fragt Robert.
„Maria, hör auf, die Katze zu ärgern", sagt Giuseppe wütend. „Na ja, Robert, das ist keine schlechte Idee. Dein Haustier wartet immer zu Hause auf dich und ist so glücklich, wenn du nach Hause kommst und ihm Futter gibst. Und vergiss nicht, dass du morgens und abends mit deinem Tier Gassi gehen oder seine Kiste sauber machen musst. Manchmal musst du den Boden putzen oder mit dem Tier zum Tierarzt gehen. Also, denk gut darüber nach, bevor du dir ein Haustier anschaffst."
„Also, hier sind ein paar Anzeigen. Hör zu", sagt Robert und beginnt, laut vorzulesen:
„Habe einen dreckigen, weißen Hund gefunden, sieht aus wie eine Ratte. Hat vielleicht lange auf der Straße gelebt. Ich gebe ihn für Geld her.
Und hier noch eine:
Russischer Hund, spricht Russisch. Gebe ihn kostenlos ab. Und kostenlose Welpen, halb Spaniel, halb schlauer Nachbarshund."

Robert guarda Giuseppe: "Come può un cane parlare russo?"
"Un cane può capire russo. Tu capisci il russo?" domanda Giuseppe sorridendo.
"Io non capisco il russo. Senti, qui c'è un altro annuncio:
"Si danno gatti di fattoria gratis in adozione. Svezzati. Mangiano qualsiasi cosa".
Robert sfoglia il giornale: "Bene, penso che gli animali possano aspettare. Meglio che io cerchi un lavoro". (Lui) trova la sezione degli annunci di lavoro e legge a voce alta:
"Cercate un lavoro adatto a voi? L'agenzia di lavoro 'Il Giusto Collaboratore' può aiutarvi. I nostri consulenti valuteranno le vostre abilità personali e vi indirizzeranno al mestiere più adatto".
Robert alza lo sguardo e dice: "Giuseppe, cosa ne pensi?"
"Il vostro miglior lavoro è lavare un camion nel mare e lasciarlo galleggiare", dice Maria e corre velocemente fuori dalla camera.
"Non è una cattiva idea. Andiamoci subito", risponde Giuseppe e allontana con attenzione il gatto dalla teiera, dove Maria l'aveva messo un minuto fa.
Robert e Giuseppe vanno in bicicletta fino all'agenzia di lavoro "Il Giusto Collaboratore". Non c'è coda e (loro) entrano. Ci sono due donne. Una di loro è al telefono. L'altra sta scrivendo qualcosa. Lei prega Robert e Giuseppe di sedersi. Si chiama Sig.ra Molinari. Lei domanda loro il nome e l'età.
"Bene, lasciate che vi spieghi il metodo che usiamo (noi). Vedete, ci sono cinque categorie di mestieri:
La prima è uomo-natura. Professione: contadino, addetto alla cura degli animali, ecc.
La seconda è uomo-macchina. Professioni: pilota, tassista, camionista, ecc.
La terza è uomo-uomo. Professioni: dottore, insegnante, giornalista ecc.
La quarta è uomo-computer: traduttore, ingegnere, programmatore ecc.
La quinta è uomo-arte: scrittore, artista,

Robert sieht Giuseppe an: „Wie kann ein Hund Russisch sprechen?"
„Ein Hund kann Russisch verstehen. Verstehst du Russisch?", fragt Giuseppe grinsend.
„Ich verstehe kein Russisch. Hör zu, hier ist noch eine Anzeige:
Gebe kostenlos Kätzchen vom Bauernhof her. Fertig zum Essen. Sie essen alles."
Robert blättert die Zeitung um. „Na gut, ich denke, Tiere können warten. Ich suche besser einen Job." Er findet die Stellenanzeigen und liest laut:
„Suchen Sie nach einem passenden Job? Die Arbeitsvermittlung ‚Passende Mitarbeiter' kann Ihnen helfen. Unsere Berater beurteilen Ihre persönliche Begabung und erstellen Ihnen eine Empfehlung für den passendsten Beruf."
Robert sieht auf und sagt: „Was meinst du, Giuseppe?"
„Der beste Job für euch ist, einen Laster im Meer zu waschen und ihn wegschwimmen zu lassen", sagt Maria und rennt dann schnell aus dem Zimmer.
„Keine schlechte Idee. Lass uns gleich gehen", antwortet Giuseppe und holt vorsichtig die Katze aus dem Kessel, in den Maria sie kurz zuvor gelegt hatte.
Robert und Giuseppe fahren mit dem Fahrrad zur Arbeitsvermittlung „Passende Mitarbeiter". Es gibt keine Schlange und sie gehen hinein. Zwei Frauen sind da. Eine von ihnen telefoniert. Die andere schreibt etwas. Sie bittet Robert und Giuseppe, Platz zu nehmen. Sie heißt Frau Molinari. Sie fragt sie nach ihren Namen und ihrem Alter.
„Gut, lasst mich euch die Methode, nach der wir arbeiten, erklären. Seht, es gibt fünf Berufskategorien:
Die Erste ist Mensch - Natur. Berufe: Bauer, Tierpfleger usw.

Die Zweite ist Mensch - Maschine. Berufe: Pilot, Taxifahrer, Lastwagenfahrer usw.
Die Dritte ist Mensch - Mensch. Berufe: Arzt, Lehrer, Journalist usw.
Die Vierte ist Mensch - Computer. Berufe: Übersetzer, Ingenieur, Programmierer usw.
Die Fünfte ist Mensch - Kunst. Berufe:

cantante ecc.
Noi raccomandiamo la professione più adeguata dopo avervi conosciuto meglio. Prima lasciatemi studiare le vostre abilità personali. Devo sapere cosa vi piace e cosa non vi piace. Poi (noi) sapremo che tipo di mestiere è il più adeguato per voi. Per favore, ora compilate il questionario", dice la Sig.ra. Molinari e dà loro i questionari. Giuseppe e Robert li compilano.

Schriftsteller, Künstler, Sänger usw.
Wir erstellen Empfehlungen für passende Berufe erst, wenn wir euch besser kennengelernt haben. Lasst mich zuerst eure persönlichen Begabungen beurteilen. Ich muss wissen, was ihr mögt und was ihr nicht mögt. Dann wissen wir, welcher Beruf am besten zu euch passt. Füllt jetzt bitte den Fragebogen aus", sagt Frau Molinari und gibt ihnen die Fragebögen. Giuseppe und Robert füllen die Fragebögen aus.

Questionario
Nome: Giuseppe Perez
Controllare i macchinari - Non mi dà fastidio
Parlare con le persone - Mi piace
Servire i clienti - Non mi dà fastidio
Guidare auto, camion - Mi piace
Lavorare in ufficio - Mi piace
Lavorare all'aperto - Mi piace
Memorizzare - Non mi dà fastidio
Viaggiare - Mi piace
Fare conti, verificare - Lo odio
Lavoro con cui ci si sporca - Non mi dà fastidio
Lavoro monotono - Lo odio
Lavoro pesante - Non mi dà fastidio
Essere un leader - Non mi dà fastidio
Lavorare in gruppo - Non mi dà fastidio
Sognare durante il lavoro - Mi piace
Fare formazione - Non mi dà fastidio
Lavoro creativo - Mi piace
Lavorare con i testi - Mi piace

Fragebogen
Name: Giuseppe Perez
Maschinen beobachten - Habe ich nichts dagegen
Mit Menschen sprechen - Mag ich
Kunden bedienen - Habe ich nichts dagegen
Autos, Lastwagen fahren - Mag ich
Im Büro arbeiten - Mag ich
Draußen arbeiten - Mag ich
Mir viel merken - Habe ich nichts dagegen
Reisen - Mag ich
Bewerten, kontrollieren - Hasse ich
Dreckige Arbeit - Habe ich nichts dagegen
Monotone Arbeit - Hasse ich
Schwere Arbeit - Habe ich nichts dagegen
Führer sein - Habe ich nichts dagegen
In der Gruppe arbeiten - Habe ich nichts dagegen
Während der Arbeit träumen - Mag ich
Trainieren - Habe ich nichts dagegen
Kreative Arbeit - Mag ich
Mit Texten arbeiten - Mag ich

Questionario
Nome: Robert Genscher
Controllare i macchinari - Non mi dà fastidio
Parlare con le persone - Mi piace
Servire i clienti - Non mi dà fastidio
Guidare auto, camion - Non mi dà fastidio
Lavorare in ufficio - Mi piace
Lavorare all'aperto - Mi piace
Memorizzare - Non mi dà fastidio
Viaggiare - Mi piace
Fare conti, verificare - Non mi dà fastidio
Lavoro con cui ci si sporca - Non mi da fastidio
Lavoro monotono - Lo odio
Lavoro pesante - Non mi dà fastidio
Essere un leader - Lo odio

Fragebogen
Name: Robert Genscher
Maschinen beobachten - Habe ich nichts dagegen
Mit Menschen sprechen - Mag ich
Kunden bedienen - Habe ich nichts dagegen
Autos, Lastwagen fahren - Habe ich nichts dagegen
Im Büro arbeiten - Mag ich
Draußen arbeiten - Mag ich
Mir viel merken - Habe ich nichts dagegen
Reisen - Mag ich
Bewerten, kontrollieren - Habe ich nichts dagegen
Dreckige Arbeit - Habe ich nichts dagegen
Monotone Arbeit - Hasse ich
Schwere Arbeit - Habe ich nichts dagegen
Führer sein - Hasse ich

Lavorare in gruppo - Mi piace
Sognare durante il lavoro - Mi piace
Fare formazione - Non mi dà fastidio
Lavoro creativo - Mi piace
Lavorare con i testi - Mi piace

In der Gruppe arbeiten - Mag ich
Während der Arbeit träumen - Mag ich
Trainieren - Habe ich nichts dagegen
Kreative Arbeit - Mag ich
Mit Texten arbeiten - Mag ich.

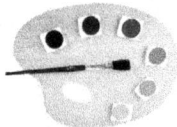

26

Domanda d'impiego a "Notizie di Genova"
Bewerbung bei den „Genua Nachrichten"

A

Vocaboli

1. accompagnare - mitkommen
2. arrivato - angekommen
3. asterisco - -s Sternchen
4. campagna - -s Land
5. celibe, nubile - ledig
6. ciao - tschüß
7. criminale - kriminal (adj); criminal - -s Verbrecher
8. diede, ha dato - gab
9. domandò - fragte
10. editore - -r Verleger
11. educazione - -e Erziehung
12. femminile - weiblich
13. finanze - -e Finanz
14. fluente - fließend
15. formulario, modulo - -s Formular
16. imparare su - erfahren
17. in bianco, vuoto - leer
18. informare - informieren; reporter/giornalista - -r Reporter
19. informazione - -r Information
20. lavorò - arbeitete
21. le diciassette (ore) - siebzehn (Uhr)
22. magro - schwach / schlank
23. mascolino - männlich
24. nazionalitá - -e Nationalität
25. pattuglia- -e Polizeistreife
26. polizia - -e Polizei
27. potrei - (ich) könnte
28. prese - nahm

29. raccomandato - empfohlen
30. secondo nome - zweiter Name
31. sesso - -s Geschlecht
32. settimana - -e Woche
33. signorina/Sig.na - Frau
34. sollecitare, applicare - bewerben
35. sottolineare - unterstreichen
36. status/posizione - -r Stand; stato civile - Familienstand
37. stimato - geehrt
38. uscire - rausgehen
39. ventuno - einundzwanzig

B

Domanda d'impiego a "Notizie di Genova"

La Sig.ra. Molinari ha analizzato le risposte dei questionari di Robert e Giuseppe. Dopo aver appreso le loro capacità, (lei) potrà raccomandar loro la professione più adeguata. Lei (disse) che la terza categoria di professioni è la più adatta per loro. Potrebbero lavorare come dottori, insegnanti o giornalisti. La Sig.ra. Molinari consigliò loro di fare domanda d'impiego al giornale "Notizie di Genova". Il giornale offre lavoro a mezza giornata per studenti che possono comporre brevi testi di cronaca nera nella rubrica poliziesca. Così Robert e Giuseppe si recarono al dipartimento risorse umane del giornale e presentarono domanda d'impiego.
"(Noi) siamo stati oggi all'agenzia di lavoro 'Il Giusto Collaboratore'", disse Giuseppe alla Sig.ra. Molinari, che era la direttrice del dipartimento risorse umane, "Ci hanno consigliato di fare domanda al vostro giornale".
"Avete già lavorato come reporter?" domandò la Sig.ra Molinari.
"No", rispose Giuseppe.
"Per favore, compilate questi formulari con i vostri dati personali", disse la Sig.ra. Molinari e diede loro due formulari. Robert e Giuseppe li compilarono.

Dati personali
*Tutte le caselle contrassegnate con un * vanno compilate. Le altre caselle possono essere lasciate vuote.*
Nome* - Giuseppe
Secondo Nome
Cognome* - Perez
Sesso*- (sottolineare) <u>Maschile</u> Femminile

Bewerbung bei den „Genua Nachrichten"

Frau Molinari wertete Giuseppes und Roberts Antworten im Fragebogen aus. Indem sie ihre persönlichen Begabungen kennenlernte, konnte sie ihnen Empfehlungen für passende Berufe geben. Sie sagte, dass die dritte Berufskategorie am besten zu ihnen passte. Sie könnten als Arzt, Lehrer oder Journalist arbeiten. Frau Molinari empfahl ihnen, sich um einen Job bei der Zeitung „Genua Nachrichten" zu bewerben. Die hatte einen Nebenjob für Studenten zu vergeben, die Polizeiberichte in der Rubrik über Verbrechen verfassen konnten. Also gingen Robert und Giuseppe in die Personalabteilung der Zeitung „Genua Nachrichten" und bewarben sich um den Job.
„Wir waren heute bei der Arbeitsvermittlung ‚Passende Mitarbeiter'", sagte Giuseppe zu Frau Molinari, der Leiterin der Personalabteilung. „Sie haben uns empfohlen, uns bei Ihrer Zeitung zu bewerben."
„Habt ihr schon als Reporter gearbeitet?", fragte Frau Molinari.
„Nein", antwortete Giuseppe.
„Füllt bitte diese Formulare mit euren persönlichen Angaben aus", sagte Frau Molinari und gab ihnen zwei Formulare. Robert und Giuseppe füllten sie aus.

Persönliche Angaben
*Alle mit einem Sternchen * markierten Felder müssen ausgefüllt werden. Die anderen Felder können leer gelassen werden.*
Vorname - Giuseppe
Zweiter Name
Nachname - Perez
Geschlecht (unterstreiche) - <u>männlich</u> weiblich

Età* - Venti anni	Alter - Zwanzig
Nazionalità* - italiano	Nationalität - Italiener
Stato Civile - (sottolineare) <u>Celibe/Nubile</u> Sposato	Familienstand (unterstreiche) - <u>ledig</u> verheiratet
Indirizzo* - Via Regina 11, Genova, Italia	Adresse - Via Regina 11, Genova, Italia
Formazione - Sono al terzo anno di giornalismo all'Università	Ausbildung - Ich studiere Journalismus im dritten Jahr an der Universität
Dove ha lavorato precedentemente? - Ho lavorato due mesi in una fattoria	Wo haben Sie zuvor gearbeitet? - Ich habe zwei Monate auf einem Bauernhof gearbeitet
Quali esperienze e capacità possiede?* - So guidare auto e camion e so lavorare al computer.	Welche Erfahrung und Fähigkeiten haben Sie? - Ich kann Auto und Lastwagen fahren und mit dem Computer arbeiten.
Lingue* (0 - no, 10 - fluente) - italiano - 10, inglese - 8	Sprachen (0 - nein, 10 - fließend) - Italienisch - 10, Englisch - 8
Patente di guida* - (sottolineare) No <u>Si</u> Tipo: BC Posso guidare camion	Führerschein (unterstreiche) - Nein <u>Ja</u> Typ: BC Kann Lastwagen fahren.
Impiego ricercato * - (sottolineare) A tempo pieno <u>part-time</u>: 15 ore settimanali	Sie brauchen einen Job (unterstreiche) - Vollzeit <u>Teilzeit</u>: 15 Stunden die Woche
Stipendio richiesto - 15 euro l'ora	Sie wollen verdienen - 15 Euro die Stunde

Dati personali

*Tutte le caselle contrassegnate con un * vanno compilate. Le altre caselle possono essere lasciate vuote.*

Persönliche Angaben

*Alle mit einem Sternchen * markierten Felder müssen ausgefüllt werden. Die anderen Felder können leer gelassen werden.*

Nome* - Robert	Vorname - Robert
Secondo Nome	Zweiter Name
Cognome*- Genscher	Nachname - Genscher
Sesso* - (sottolineare) <u>Maschile</u> Femminile	Geschlecht (unterstreiche) - <u>männlich</u> weiblich
Età* - Ventun anni	Alter - einundzwanzig
Nazionalità* - tedesco	Nationalität - Deutscher
Stato Civile - (sottolineare) <u>Celibe/nubile</u> Sposato	Familienstand (unterstreiche) - <u>ledig</u> verheiratet
Indirizzo* - Stanza 218, Studentato, Via Università 5, Genova, Italia	Adresse - Zimer 218, Studentenwohnheim, Via Università 5, Genova, Italia
Formazione - Sono al secondo anno di web-design all'università	Ausbildung - Ich studiere Computerdesign im zweiten Jahr an der Universität
Dove ha lavorato precedentemente? - Ho lavorato due mesi in una fattoria	Wo haben Sie zuvor gearbeitet? - Ich habe zwei Monate auf einem Bauernhof gearbeitet
Quali esperienze e capacità possiede?* - So lavorare sui computer	Welche Erfahrung und Fähigkeiten haben Sie? - Ich kann mit dem Computer umgehen
Lingue* (0 - no, 10 - fluente) - italiano - 8, inglese - 10	Sprachen (0 - nein, 10 - fließend) - Italienisch - 8, Deutsch - 10
Patente di guida* - (sottolineare) <u>No</u> Si Tipo:	Führerschein (unterstreiche) - <u>Nein</u> Ja Typ:
Impiego ricercato * - (sottolineare) A tempo pieno <u>part-time</u>: 15 ore settimanali	Sie brauchen einen Job (unterstreiche) - Vollzeit <u>Teilzeit</u>: 15 Stunden die Woche
Stipendio richiesto - 15 euro l'ora	Sie wollen verdienen - 15 Euro die Stunde
La Sig.ra. Molinari portò i formulari questionari sui dati personali all'editore di	Frau Molinari brachte die Formulare mit ihren persönlichen Angaben zum Herausgeber der

"Notizie di Genova".
"L'editore è d'accordo", disse la Sig.ra Molinari quando tornò. "Potete seguire una pattuglia della polizia e poi scriverete degli articoli per la sezione di cronaca nera. Domani alle diciassette verrà a prendervi una volante. Siate puntuali, ok?"
"Certo", rispose Robert.
"Si, saremo puntuali", disse Giuseppe, "Arrivederci".
"Arrivederci", rispose la Sig.ra. Molinari.

„Genua Nachrichten".
„Der Herausgeber ist einverstanden", sagte Frau Molinari, als sie zurückkam. „Ihr begleitet eine Polizeistreife und schreibt dann Berichte für die Kriminalrubrik. Morgen um siebzehn Uhr werdet ihr von einem Polizeiauto abgeholt. Seid pünktlich da, ok?"
„Klar", antwortete Robert.
„Ja, wir werden pünktlich sein", sagte Giuseppe. „Auf Wiedersehen."
„Auf Wiedersehen", antwortete Frau Molinari.

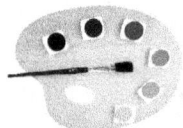

27

La pattuglia della polizia (parte 1)
Die Polizeistreife (Teil 1)

A

Vocaboli

1. abbaiò - bellte
2. accese - macht (den Motor) an; accellerò - trat aufs Gas
3. accompagnò - begleiten
4. allarme - Alarm
5. aprí - öffnet
6. pistola - -e Waffe
7. asciugare - trocknen; secco - trocken (adj)
8. aspettò - wartete
9. assicurare - anschnallen
10. attorno - herum
11. capí - hat verstanden
12. cento - Hundert
13. cercò - versuchte
14. chiave - -r Schüssel
15. chiuso - geschlossen
16. cintura di sicurezza - -r Sicherheitsgurt
17. condannare - verurteilen
18. conosciuto - bekannt
19. corse - rannte
20. dette un passo - ging

21. dimostrò - demonstrieren
22. dodici - zwölf
23. fece - machte
24. grande - groß
25. gridò - schrie / rief
26. guidava - führte
27. ladro - -r Dieb; rapina - -r Überfall
28. ladro - -r Dieb, ladri - dieben
29. limite - -e Grenze
30. manette - Handschellen
31. microfono - -s Mikrofon
32. nascose - versteckte
33. polizia - -r Polizei
34. prezzo - -e Preis
35. ricerca - -e Suche
36. sergente - Polizeihauptmaster
37. sirena - -s Martin-Horn
38. tema, affare, business - -s Geschäft
39. timoroso - furchtsam
40. tutti quanti - alle
41. ufficiale - offiziell
42. ululato - -s Geheul
43. velocità - -e Geschwindigkeit; conduttore temerario - -r Raser; limite di velocità - -e Geschwindigkeitbegrenzung

B

La pattuglia della polizia (parte 1)

Il giorno dopo Robert e Giuseppe arrivarono alle diciassette all'edificio del giornale "Notizie di Genova". La volante li stava già aspettando. Un poliziotto uscì dall'auto.
"Salve. Sono il sergente Francesco Sella", disse quando Giuseppe e Robert si avvicinarono all'auto.
"Salve. Piacere di conoscerla. Mi chiamo Robert. (Noi) oggi dobbiamo accompagnarla", rispose Robert.
"Salve. Io sono Giuseppe. Ci ha aspettato per molto tempo?" domandò Giuseppe.
"No. Sono appena arrivato. Saliamo in auto. Ora cominciamo a pattugliare la città", disse il poliziotto. Tutti salgono sulla volante.
"È la prima volta che accompagnate una pattuglia della polizia?" domandò il sergente Sella accendendo il motore.
"Non abbiamo mai accompagnato una pattuglia della polizia", rispose Giuseppe.
In quel momento la radio della polizia si accese: "Attenzione P11 e P07! Un'auto blu corre a tutta velocità lungo la Via Università".
"P07 andiamo", disse il sergente Sella al microfono. Poi disse ai ragazzi: "Il numero della nostra auto è P07". Una grande auto blu li sorpassò a tutta velocità. Francesco Sella prese il microfono e disse: "Parla P07. Vedo

Die Polizeistreife (Teil 1)

Am nächsten Tag kamen Robert und Giuseppe um siebzehn Uhr zum Gebäude der Zeitung „Genua Nachrichten". Das Polizeiauto wartete schon auf sie. Ein Polizist stieg aus dem Auto.
„Hallo. Ich bin Polizeihauptmeister Francesco Sella", sagte er, als Giuseppe und Robert zum Auto kamen.
„Hallo, schön, Sie kennenzulernen. Ich heiße Robert. Wir sollen Sie heute begleiten", antwortete Robert.
„Hallo, ich bin Giuseppe. Haben Sie schon lange auf uns gewartet?", fragte Giuseppe.
„Nein, ich bin gerade erst gekommen. Lasst uns einsteigen. Wir fangen jetzt mit der Streife in der Stadt an", sagte der Polizist. Sie stiegen alles ins Polizeiauto.
„Begleitet ihr zum ersten Mal eine Polizeistreife?", fragte Polizeihauptmeister Sella und machte den Motor an.
„Wir haben noch nie eine Polizeistreife begleitet", antwortete Giuseppe.
In diesem Moment meldete sich der Polizeifunk: „Achtung P11 und P07! Ein blaues Auto fährt zu schnell auf der Via Università".
„P07 ist dran", sagte Polizeihauptmeister Sella ins Mikrofon. Dann sagte er zu den Jungs: „Die Nummer unseres Autos ist P07". Ein großes blaues Auto raste mit hoher Geschwindigkeit an ihnen vorbei. Francesco Sella nahm das Mikrofon und

l'auto blu. Comincio l'inseguimento". Poi disse ai ragazzi: "Allacciatevi le cinture di sicurezza!" La volante accelerò. Il sergente spinse l'acceleratore a fondo e accese la sirena. Circolarono con la sirena accesa, passando edifici, auto e autobus. Francesco Sella riuscì a far fermare l'auto blu. Il sergente scese dalla macchina e andò verso il conducente. Giuseppe e Robert lo seguirono.
"Sono l'ufficiale di polizia Francesco Sella. Mi mostri la sua patente, per favore", disse il poliziotto al conducente.
"Ecco qui la mia patente", il conducente fece vedere la sua patente, "Qual è il problema?" disse con ira.
"Lei stava guidando in città ad una velocità di cento venti chilometri all'ora. La velocità limite è cinquanta", disse il sergente.
"Ah, per questo. Vede, ho appena lavato la mia auto. Stavo guidando un po' più velocemente per farla asciugare", disse l'uomo con un sorriso astuto.
"Gli è costato molto lavare la sua auto?" domandò il poliziotto.
"Non molto. Mi è costato dodici euro", disse il conducente.
"Non conosce i prezzi", disse il sergente Sella. "In realtà le è costato duecento dodici euro perchè lei pagherà duecento euro per asciugare la macchina. Ecco qui la multa. Buona giornata dunque", gli disse il poliziotto. Fece al conducente una multa per eccesso di velocità di duecento euro e tornò alla volante.
"Francesco, hai molta esperienza con i conducenti che superano i limiti, non è vero?" domandò Giuseppe al poliziotto.
"Ne ho conosciuti molti", disse Francesco accendendo il motore. "All'inizio sembrano tigri feroci o volpi astute. Ma dopo aver parlato con loro, sembrano gattini spaventati o scimmie sciocche. Come quello dell'auto blu".

Intanto una piccola auto bianca procedeva lentamente lungo la strada non lontano dal parco cittadino. La macchina si fermò vicino

sagte: „Hier spricht P07. Ich sehe das rasende Auto. Nehme die Verfolgung auf." Dann sagte er zu den Jungs: „Bitte anschnallen!" Das Polizeiauto fuhr schnell los. Der Polizeihauptmeister trat das Gaspedal voll durch und machte die Sirene an. Mit heulender Sirene rasten sie an Gebäuden, Autos und Bussen vorbei. Francesco Sella brachte das blaue Auto zum Anhalten. Der Polizeihauptmeister stieg aus dem Auto aus und ging zu dem Raser. Giuseppe und Robert gingen ihm nach.
„Ich bin Polizeibeamter Francesco Sella. Zeigen Sie mir bitte Ihren Führerschein", sagte der Polizist zu dem Raser.
„Hier ist mein Führerschein". Der Fahrer zeigte seinen Führerschein. „Was ist los?", fragte er wütend.
„Sie sind mit hundertzwanzig km/h durch die Stadt gefahren. Die Geschwindigkeitsbegrenzung ist fünfzig", sagte der Polizeihauptmeister.
„Ach so, das. Wissen Sie, ich habe gerade mein Auto gewaschen. Ich bin ein bisschen schneller gefahren, damit es trocknet", sagte der Mann mit einem schlauen Grinsen.
„Ist es teuer, Ihr Auto zu waschen?", fragte der Polizist.
„Nein. Es kostet zwölf Euro", sagte der Raser.
„Sie kennen die Preise nicht", sagte Polizeihauptmeister Sella. „In Wirklichkeit kostet es Sie zweihundertzwölf Euro, denn Sie werden zweihundert Euro fürs Trocknen zahlen. Hier ist der Strafzettel. Einen schönen Tag noch", sagte der Polizist. Er gab dem Raser einen Strafzettel für Geschwindigkeitsüberschreitung über zweihundert Euro und seinen Führerschein und ging zurück zum Polizeiauto.
„Francesco, du hast viel Erfahrung mit Rasern, nicht wahr?", fragte Giuseppe den Polizisten.
„Ich habe schon viele kennengelernt", sagte Francesco und machte den Motor an. „Zuerst sehen sie wie wütende Tigern oder schlaue Füchse aus. Aber nachdem ich mit ihnen gesprochen habe, sehen sie wie ängstliche Kätzchen oder dumme Affen aus. Wie der im blauen Auto".

In der Zwischenzeit fuhr ein kleines, weißes Auto nicht weit vom Stadtpark langsam die Straße

ad un negozio. Un uomo ed una donna scesero dall'auto e si avvicinarono al negozio. Era chiuso. L'uomo si guardò attorno. Poi tirò fuori alcune chiavi di fretta e cercò di aprire la porta. Alla fine la aprì ed entrarono.

"Guarda! Quanti vestiti ci sono qui!" disse la donna. Lei prese una grande borsa e cominciò a metterci dentro di tutto. Quando la borsa fu piena, la portò in macchina e tornò di nuovo.

"Prendi tutto alla svelta! Oh! Che cappello meraviglioso!" disse l'uomo. Lui prese dalla vetrina un grande cappello nero e se lo mise in testa.

"Guarda questo vestito rosso! Lo trovo fantastico!" dice la donna e rapidamente indossò il vestito rosso. Lei non aveva più borse. Così prese altre cose con le mani, corse fuori e le mise in macchina. Poi corse di nuovo dentro per prendere altre cose.

La volante P07 passava lentamente lungo la strada del parco cittadino, quando la radio si accese: "Attenzione a tutte le unità. Abbiamo ricevuto l'allarme anti-rapina di un negozio vicino al parco cittadino. L'indirizzo del negozio è Via del Parco N° 72".

"P07 ricevuto", disse Francesco al microfono. "Sono nelle vicinanze. Ci vado". Avevano trovato subito il negozio e si avvicinarono all'auto bianca. Poi scesero dall'auto e vi si nascosero dietro. La donna col vestito rosso uscì correndo dal negozio. Mise alcuni vestiti sulla volante e corse un'altra volta dentro il negozio. La donna lo fece molto in fretta. (Lei) non vide che era una volante!

"Mannaggia! Ho dimenticato la mia pistola al commissariato!" disse Francesco. Robert e Giuseppe guardarono prima il sergente Sella e poi si guardarono tra loro sorpresi. Il poliziotto era così confuso che Giuseppe e Robert capirono che (loro) dovevano aiutarlo. La donna corse di nuovo fuori dal negozio, mise alcuni vestiti sulla volante e tornò indietro correndo. Allora Giuseppe disse a Francesco: "Possiamo fingere di

entlang. Das Auto hielt in der Nähe eines Ladens. Ein Mann und eine Frau stiegen aus und gingen zu dem Laden. Er war geschlossen. Der Mann sah sich um. Dann holte er schnell einige Schlüssel hervor und versuchte, die Tür zu öffnen. Schließlich öffnete er sie, und sie gingen hinein.

„Sieh, so viele Kleider", sagte die Frau. Sie holte eine große Tasche hervor und begann, alles hineinzupacken. Als die Tasche voll war, brachte sie sie zum Auto und kam zurück.

„Nimm schnell alles! Oh! Was für ein schöner Hut!" sagte der Mann. Er nahm einen großen schwarzen Hut aus dem Schaufenster und zog ihn auf.

„Sieh dir dieses rote Kleid an! Das finde ich toll!", sagte die Frau und zog schnell das rote Kleid an. Sie hatte keine Taschen mehr. Deswegen nahm sie mehr Sachen in die Hände, rannte nach draußen und packte sie ins Auto. Dann rannte sie nach drinnen, um noch mehr Dinge zu holen.

Das Polizeiauto P07 fuhr gerade langsam den Stadtpark entlang, als sich der Funk meldete: „Achtung, alle Einheiten. Wir haben einen Einbruchsalarm aus einem Laden in der Nähe des Stadtparks. Die Adresse des Ladens ist Via del Parco n. 72".

„P07 ist dran", sagte Francesco ins Mikro. „Ich bin ganz in der Nähe. Fahre dorthin". Sie hatten den Laden schnell gefunden und fuhren zu dem weißen Auto. Dann stiegen sie aus dem Auto aus und versteckten sich dahinter. Die Frau im roten Kleid kam aus dem Laden gerannt. Sie legte einige Kleider auf das Polizeiauto und rannte zurück in den Laden. Die Frau tat das sehr schnell. Sie sah nicht, dass es ein Polizeiauto war.

„Verdammt! Ich habe meine Waffe auf der Polizeiwache vergessen!" sagte Francesco. Robert und Giuseppe sahen Polizeihauptmeister Sella und dann einander überrascht an. Der Polizist war so verwirrt, dass Giuseppe und Robert verstanden, dass er Hilfe brauchte. Die Frau rannte wieder aus dem Laden, legte Kleider auf das Polizeiauto und rannte zurück. Dann sagte Giuseppe zu Francesco: „Wir können so tun, als ob wir Waffen hätten".

avere delle armi".
"Facciamolo", rispose Francesco. "Ma non alzatevi. I ladri potrebbero avere delle armi", disse lui e poi urlò: "Qui parla la polizia! Tutti coloro che sono dentro il negozio mettano le mani in alto ed escano lentamente dal negozio uno a uno!".
Aspettarono un minuto. Nessuno uscì. Poi Robert ebbe un'idea.
"Se non uscite, vi aizziamo contro il cane poliziotto", gridò e abbaiò come un grosso cane furioso. I ladri uscirono correndo immediatamente con le mani in alto. Francesco mise loro rapidamente le manette e li portò sulla volante. Poi disse a Robert: "È stata una grande idea fingere che avessimo un cane! Sai, ho già dimenticato la pistola due volte. Se scoprono che l'ho dimenticata una terza volta, possono licenziarmi o mettermi a fare lavoro d'ufficio. Non lo dite a nessuno, vero?"
"Certo che no!" disse Robert.
"Mai", disse Giuseppe.
"Grazie mille per il vostro aiuto, ragazzi!" Francesco strinse loro forte la mano.

„Lasst uns das machen", antwortete Francesco. „Aber ihr steht nicht auf. Die Diebe haben vielleicht Waffen", sagte er und rief dann: „Hier spricht die Polizei! Alle, die im Laden sind, heben ihre Hände und kommen langsam einer nach dem anderen aus raus!"
Sie warteten eine Minute. Niemand kam. Dann hatte Robert eine Idee.
"Wenn ihr nicht rauskommt, hetzen wir den Polizeihund auf euch!", rief er und bellte wie ein großer, wütender Hund. Die Diebe kamen sofort mit erhobenen Händen herausgerannt. Francesco legte ihnen schnell Handschellen an und brachte sie ins Polizeiauto. Dann sagte er zu Robert: „Das war eine gute Idee, so zu tun, als ob wir einen Hund hätten. Weißt du, ich habe meine Waffe schon zweimal vergessen. Wenn sie herausfinden, dass ich sie zum dritten Mal vergessen habe, feuern sie mich vielleicht oder lassen mich Büroarbeit machen. Ihr erzählt es doch niemandem, oder?"
„Natürlich nicht!", sagte Robert.
„Nie", sagte Giuseppe.
„Vielen Dank für eure Hilfe, Jungs!" Francesco schüttelte ihnen kräftig die Hand.

28

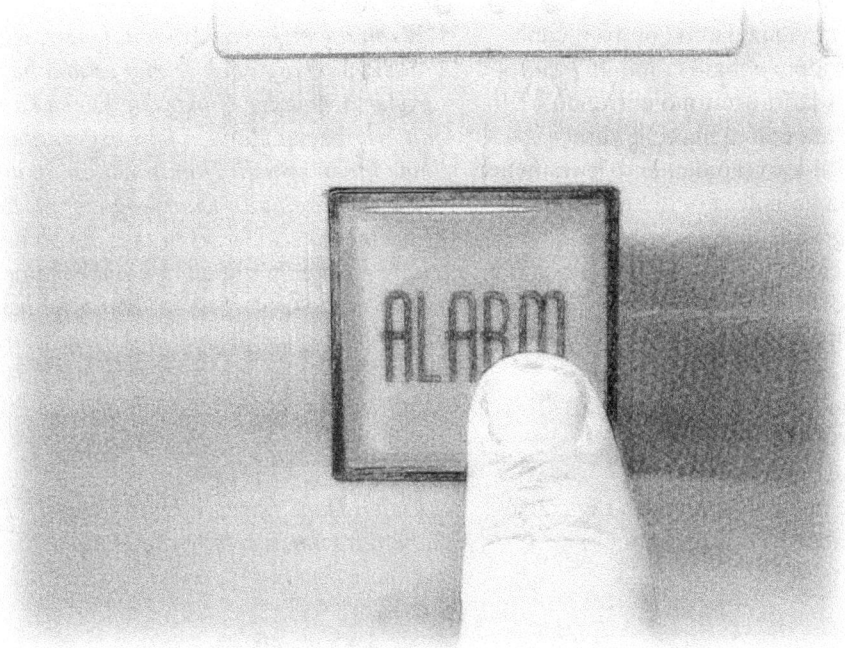

La pattuglia della polizia (parte 2)
Die Polizeistreife (Teil 2)

 A

Vocaboli

1. anche - auch
2. ancora - noch
3. andato - gegangen
4. aprì - öffnet
5. bottone - -r Knopf
6. cellulare - -s Handy
7. centro commerciale - Einkaufszentrum
8. Corrado - Corrado (Name)
9. di chi - wessen
10. Dino - Dino (Italienische Spitzname für längere Namen mit der Endung -Dino)
11. Express Bank - Express Bank
12. furbo - schlau
13. ieri - gestern
14. in segreto - heimlich
15. incosciente - bewusstlos
16. lo saluta cordialmente, affettuosamente - herzlich
17. mio - mein
18. mosse - fuhren
19. ogni tanto, non frequente - ab und zu
20. preso - genommen

21. pressare - pressen
22. proteggere - schützen
23. qualcuno - jemand
24. rimbalzare - aufprallen
25. rispose - antwortete
26. rubato - gestohlen
27. scusarsi - sich entschuldigen; Mi scusi. - Entschuldigen Sie
28. sicuro - sicher
29. signora - Frau
30. soldi in contanti - -s Bargeld; sportello - -e Kasse; sportellista - -r Kassier
31. sparo - -r Schuß
32. squillò, suonò - klingelte
33. tasca - -e Tasche
34. telefono - -s telefon; telefonare - anrufen
35. tuo/tuoi - dein/deine
36. uomini - Männer
37. usuale - üblich
38. vetro - -s Glas
39. vide - er sah

B

La pattuglia della polizia (parte 2)

Il giorno dopo Robert e Giuseppe accompagnarono Francesco un'altra volta. Erano fermi vicino a un grande centro commerciale quando una donna si avvicinò a loro.
"Potete aiutarmi per favore?" domandò lei.
"Naturalmente. Cosa è successo?" domandò Francesco.
"Ho perso il mio cellulare. Credo che me l'abbiano rubato".
"L'ha già usato oggi?" domandò il poliziotto.
"L'ho usato prima di uscire dal centro commerciale", rispose la signora.
"Andiamo dentro", disse Francesco. (Loro) entrarono al centro commerciale e si guardarono intorno. C'era molta gente lì.
"Proviamo un vecchio trucco", disse Francesco prendendo il suo cellulare, "Qual è il suo numero di telefono?" domandò alla donna. Lei glielo disse e lui lo digitò. Un cellulare squillò non lontano da loro. (Loro) andarono verso il posto dove stava suonando. C'era una coda lì. Un uomo fra la folla vide il poliziotto e si girò rapidamente a guardare altrove. Il poliziotto si avvicinò ascoltando con attenzione. Il cellulare suonava nella tasca dell'uomo.
"Mi scusi", disse Francesco. L'uomo lo guardò.
"Mi scusi, il suo cellulare sta suonando", disse Francesco.

Die Polizeistreife (Teil 2)

Am nächsten Tag begleiteten Robert und Giuseppe Francesco wieder. Sie standen neben einem großen Einkaufszentrum, als eine Frau zu ihnen kam.

„Können Sie mir bitte helfen?", fragte sie.
„Natürlich. Was ist passiert?", fragte Francesco.
"Mein Handy ist weg. Ich glaube, es wurde gestohlen".
"Haben Sie es heute schon benutzt?" fragte der Polizist.
„Ich habe es benutzt, bevor ich das Einkaufszentrum verlassen habe", antwortete die Frau.
„Lasst uns reingehen", sagte Francesco. Sie gingen ins Einkaufszentrum und sahen sich um. Viele Leute waren da.
„Lasst uns einen alten Trick versuchen", sagte Francesco und holte sein eigenes Handy hervor.
„Wie ist Ihre Nummer?", fragte er die Frau. Sie sagte sie ihm, und er wählte. Nicht weit von ihnen klingelte ein Handy. Sie gingen zu der Stelle, an der es klingelte. Dort war eine Schlange. Ein Mann in der Schlange sah den Polizisten an und schaute dann schnell weg. Der Polizist ging näher hin und horchte aufmerksam. Das Handy klingelte in der Tasche des Mannes.
„Entschuldigen Sie", sagte Francesco. Der Mann sah ihn an.
„Entschuldigen Sie, Ihr Handy klingelt", sagte Francesco.

"Dove?" disse l'uomo.
"Qui, nella sua tasca", disse Francesco.
"No, non sta suonando", disse l'uomo.
"Sì, invece sì", disse Francesco.
"Non è il mio", disse l'uomo.
"Allora di chi è il telefono che sta suonando nella sua tasca?" rispose Francesco.
"Non lo so", rispose l'uomo.
"Me lo faccia vedere, per favore", disse Francesco e tirò fuori il telefono dalla tasca dell'uomo.
"Oh, è il mio!" gridò la donna.
"Prenda il suo telefono, signora", disse Francesco e glielo diede.
"Mi permette signore?" domandò Francesco e mise di nuovo la mano nella tasca dell'uomo. (Lui) tirò fuori un altro telefono e un altro ancora.
"Nemmeno questi sono suoi?" domandò Francesco all'uomo.
L'uomo mosse la testa guardando ad un'altra parte.
"Che telefoni strani!" urlò Francesco. "Sono fuggiti dai loro padroni e sono saltati dentro la tasca di quest'uomo! E adesso stanno suonando nella sua tasca, non è così?"
"Sì, è così", disse l'uomo.
"Come sa, il mio lavoro è proteggere la gente. E io la proteggerò da loro. Salga sulla mia auto e io la porterò in un posto dove nessun telefono può saltare nella sua tasca. Andiamo al commissariato", disse il poliziotto. Poi prese l'uomo sotto braccio e lo portò sulla volante.
"Mi piacciono i criminali scemi", disse Francesco Sella sorridendo, dopo aver lasciato il ladro al commissariato.
"Ne hai conosciuto qualcuno furbo?" domandò Giuseppe.
"Sì, l'ho conosciuto. Ma succede di rado", rispose il poliziotto. "Perchè è molto difficile catturare un criminale furbo".

Intanto due uomini entrarono all'Express Bank. Uno di loro si mise in una fila. L'altro si avvicinò allo sportello e diede un foglio al cassiere. Il cassiere prese il foglio e lo lesse:

„Wo?" sagte der Mann.
„Hier, in ihrer Tasche", sagte Francesco.
„Nein, es klingelt nicht", sagte der Mann.
„Doch, es klingelt", sagte Francesco.
„Das ist nicht meins", sagte der Mann.
„Wessen Telefon klingelt dann in Ihrer Tasche?", fragte Francesco.
„Ich weiß es nicht", antwortete der Mann.
„Zeigen Sie es mir bitte", sagte Francesco und holte das Handy aus der Tasche des Mannes.

„Oh, das ist meins!", rief die Frau.
„Hier, nehmen Sie Ihr Telefon", sagte Francesco und gab es ihr.
„Darf ich?", fragte Francesco und steckte seine Hand wieder in die Tasche des Mannes. Er holte ein anderes Handy hervor und dann noch eins.

„Gehören die auch nicht Ihnen?", fragte Francesco den Mann.
Der Mann schüttelte den Kopf und sah weg.

„Was für seltsame Handys!", rief Francesco. „Sie sind ihren Besitzern davongelaufen und in die Tasche dieses Mannes gesprungen! Und jetzt klingeln sie in seiner Tasche, oder nicht?"
„Ja, das tun sie", sagte der Mann.
„Wie Sie wissen, ist es mein Job, Menschen zu beschützen. Und ich werde Sie vor ihnen beschützen. Steigen Sie in mein Auto, und ich bringe Sie an einen Ort, wo kein Telefon in Ihre Tasche springen kann. Wir fahren aufs Revier", sagte der Polizist. Dann nahm er den Mann am Arm und brachte ihn zum Auto.
„Ich mag dumme Verbrecher", sagte Francesco Sella grinsend, nachdem sie den Dieb aufs Revier gebracht hatten.
„Hast du schon schlaue getroffen?", fragte Giuseppe.
„Ja, das habe ich. Aber es passiert selten"; antwortete der Polizist. „Denn es ist sehr schwer, einen schlauen Verbrecher zu fangen".

In der Zwischenzeit betraten zwei Männer die Express Bank. Einer von ihnen stellte sich in der Schlange an. Ein anderer ging zur Kasse und gab dem Kassierer einen Zettel. Der Kassierer nahm

"Gentile signore,
questa è una rapina all'Express Bank. Mi dia tutti i soldi. Se non lo fa, userò la mia pistola. Grazie.
Cordiali saluti,
Corrado"
"Credo di poterla aiutare", disse lo sportellista premendo in segreto il pulsante d'allarme. "Ma i soldi li ho messi io nella cassaforte ieri. La cassaforte non è ancora aperta. Dirò a qualcuno che apra la cassaforte e porti i soldi. D'accordo?"
"Bene! Ma in fretta!" rispose il ladro.
"Le fa piacere una tazza di caffè mentre i soldi vengono preparati?" domanda lo sportellista.
"No, grazie. Solo i soldi", rispose il ladro.

La radio della volante P07 chiamò:
"Attenzione a tutte le unità. Allarme all'Express Bank".
"P07 ricevuto", rispose il sergente Sella. Accese la macchina e spinse l'acceleratore a fondo. Quando arrivarono alla banca non c'era ancora nessun'altra volante.
"Ne uscirà un articolo interessante se andiamo dentro", disse Giuseppe.
"Voi ragazzi fate quello che dovete fare. Io entrerò dalla porta sul retro", disse il sergente Sella. Tirò fuori la sua pistola e andò alla svelta alla porta sul retro della banca. Giuseppe e Robert entrarono in banca dall'entrata principale. Videro un uomo in piedi vicino lo sportello. Aveva una mano in tasca e si guardava intorno. L'uomo che era arrivato con lui uscì dalla fila e gli si avvicinò.
"Dove sono i soldi?" gli domandò Corrado.
"Dino, lo sportellista ha detto che li stanno mettendo dentro delle borse", gli rispose l'altro ladro.
"Ne ho abbastanza di aspettare", disse Dino. Tirò fuori la pistola e puntò allo sportellista:
"Porti tutti i soldi subito!" gridò (lui). Poi (lui) andò al centro della sala e urlò:
"Ascoltate tutti! Questa è una rapina! Nessuno si muova!"

den Zettel und las.
„Sehr geehrter Herr,
das ist ein Überfall auf die Express Bank. Geben Sie mir alles Geld. Wenn Sie es nicht tun, werde ich meine Waffe benutzen. Danke.
Hochachtungsvoll,
Corrado"
„Ich denke, ich kann Ihnen helfen", sagte der Kassierer, während er heimlich den Alarmknopf drückte. „Aber das Geld wurde gestern von mir im Tresor eingeschlossen. Der Tresor wurde noch nicht geöffnet. Ich werde jemanden bitten, den Tresor zu öffnen und das Geld zu bringen. Okay?"
„Okay. Aber schnell!", antwortete der Dieb.
„Hätten Sie gerne eine Tasse Kaffee, während das Geld in Taschen gepackt wird?" fragte der Kassierer.
„Nein, danke. Nur Geld", antwortete der Dieb.

Der Funk im Polizeiauto P07 meldete sich:
„Achtung, alle Einheiten. Überfallalarm in der Express Bank".
„P07 ist dran", antwortete Polizeihauptmeister Sella. Er trat aufs Gas, und das Auto fuhr schnell los. Als sie an der Bank ankamen, war noch kein anderes Polizeiauto da.
„Das wird ein interessanter Bericht, wenn wir reingehen", sagte Giuseppe.
„Ihr Jungs macht, was ihr braucht. Ich gehe durch die Hintertür rein", sagte Polizeihauptmeister Sella. Er holte seine Waffe raus und ging schnell zur Hintertür der Bank. Giuseppe und Robert betraten die Bank durch die Eingangstür. Sie sahen einen Mann in der Nähe der Kasse stehen. Er hatte eine Hand in seiner Tasche und sah sich um. Der Mann, der mit ihm gekommen war, ging aus der Schlange zu ihm.
„Wo ist das Geld?", fragte er Corrado.
„Dino, der Kassierer, hat gesagt, dass es in Taschen gepackt wird", antwortete der andere Dieb.
„Ich habe es satt, zu warten", sagte Dino. Er holte seine Waffe hervor und richtete sie auf den Kassierer. „Bringen Sie jetzt alles Geld!", schrie er. Dann ging er in die Mitte des Raums und rief: „Alle herhören! Das ist ein Überfall! Niemand bewegt sich!" In diesem Moment bewegte sich

In quel momento qualcuno vicino allo sportello si mosse. Il ladro sparò con la pistola senza guardare. L'altro ladro cadde al suolo e gridò: "Dino! Imbecille! Mannaggia! Mi hai sparato!"

"Oh, Corrado! Non avevo visto che eri tu!" disse Dino. In quel momento lo sportellista uscì velocemente.

"Lo sportellista è corso via e non hanno ancora portato i soldi qui!" gridò Dino a Corrado "La polizia può arrivare da un momento all'altro! Cosa facciamo?"

"Prendi qualcosa di grande, rompi il vetro e prendi i soldi! Presto!" grida Corrado. Dino prese una sedia di metallo e diede un colpo sul vetro dello sportello. Naturalmente non era un vetro qualunque e non si ruppe. Anzi, la sedia rimbalzò e cadde sulla testa del ladro! (Lui) cadde per terra incosciente. In quel momento il sergente Sella entrò correndo e rapidamente mise le manette ai rapinatori. (Lui) si girò verso Giuseppe e Robert.

"Ve l'ho detto! Molti criminali sono solo degli scemi!" disse (lui).

jemand in der Nähe der Kasse. Der Dieb mit der Waffe schoss auf ihn, ohne hinzuschauen. Der andere Dieb fiel auf den Boden und rief: „Dino! Du Vollidiot! Verdammt! Du hast mich angeschossen!"

„Oh, Corrado! Ich habe nicht gesehen, dass du das bist!" sagte Dino. In diesem Moment rannte der Kassierer schnell nach draußen.

„Der Kassierer ist weggerannt, und das Geld ist noch nicht hierher gebracht worden!" rief Dino Corrado zu. „Die Polizei kann jeden Moment kommen! Was sollen wir machen?"

„Nimm etwas Großes, zerschlag das Glas und nimm das Geld! Schnell!", rief Corrado. Dino nahm einen metallenen Stuhl und schlug auf das Glas der Kasse. Natürlich war es kein gewöhnliches Glas und zerbrach nicht. Doch der Stuhl prallte zurück und traf den Dieb am Kopf! Er fiel bewusstlos zu Boden. In diesem Moment kam Polizeihauptmeister Sella hereingerannt und legte den Dieben schnell Handschellen an. Er drehte sich zu Giuseppe und Robert um.

„Hab ich es doch gesagt! Die meisten Verbrecher sind einfach nur dumm!", sagte er.

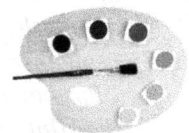

29

Scuola per studenti stranieri (S.S.S.) e au-pair
Schule für Austauschschüler (SAS) und Au-pair

A

Vocaboli

1. Alice - Alice
2. anche - auch
3. ospite - -r Gast
4. cambiare - wählen; cambio, resto - -s Wechsel / - r Tausch
5. chiamato - genannt
6. Hannover - Hannover
7. contratto - -e Vereinbarung
8. corso - -e Kurse
9. da (quando) - ab (Zeitpunkt)
10. data - -r Datum
11. due volte - zwei mal
12. email/posta elettronica - -e E-mail
13. figlia - -e Tochter
14. Gabi - Gabi (Name)
15. gara, concorso - -r Wettbewerb
16. il più vicino - nächste
17. imparando - lernend
18. ingiusto - ungerecht
19. inviato - gesendet

20. lettera - -r Brief
21. maggiore - älter
22. Nord America ed Eurasia - Nordamerika und Eurasien
23. paese - -s Land; campagna - -s Land
24. paese, paesino - -s Dorf
25. pagina web, sito - Websites
26. pagò - bezahlte
27. participante - -r Teilnehmer
28. passato - gegangen
29. persona - -e Person
30. possibilitá - -e Möglichkeit
31. problema - -s Problem
32. scrisse - schrieb
33. selezionare, scegliere - wählen
34. serva - -e Bediensteter
35. speranza - -e Öffnung;
36. sperare - hoffen
37. standard - standard
38. Germania - Deutschland
39. una volta - einmal
40. unire - vereinen / zusammenstellen
41. visitato - besucht
42. vivevano - lebten

B

Scuola per studenti stranieri (SSS) e au-pair

La sorella, il fratello e i genitori di Robert vivevano in Germania. (Loro) vivevano ad Hannover. Sua sorella si chiamava Gabi. (Lei) aveva venti anni. Studiava italiano da quando aveva undici anni. Quando Gabi aveva quindici anni voleva prendere parte al programma S.S.S. Il programma S.S.S dà l'opportunità ad alcuni studenti del liceo dell'Eurasia di trascorrere un anno in Italia, vivendo con una famiglia e studiando in una scuola italiana. Il programma è gratuito. La S.S.S. paga il biglietto aereo, il soggiorno con la famiglia, il vitto ed un anno di studi in una scuola italiana. Ma quando (lei) si informò sull'iscrizione, la scadenza era già passata.
Venne a sapere dopo del programma au-pair. Questo programma dà ai partecipanti la possibilità di passare uno o due anni in un altro paese presso una famiglia, prendendosi cura dei bambini e frequentando un corso per imparare la lingua. Visto che Robert stava studiando a Genova, Gabi gli scrisse una e-mail. (Lei) gli chiese di cercare una famiglia che la ospitasse in Italia. Robert guardò su alcuni giornali e siti internet con annunci. Trovò alcune famiglie italiane disponibili ad ospitare su http://www.aupair-world.net/. Poi Robert andò da un'agenzia di au-pair di Genova. Fu ricevuto da una donna. Si chiamava Alice Girasoli.

Schule für Austauschschüler (SAS) und Au-pair

Roberts Schwester, Bruder und Eltern lebten in Deutschland. Sie wohnten in Hannover. Seine Schwester hieß Gabi. Sie war zwanzig Jahre alt. Sie lernte Italienisch, seit sie elf war. Als Gabi fünfzehn war, wollte sie an dem Programm SAS teilnehmen. SAS gibt Highschool-Schülern aus Eurasien die Möglichkeit, ein Jahr in Italien zu verbringen, in einer Gastfamilie zu leben und eine italienische Schule zu besuchen. Das Programm ist kostenlos. Das Flugticket, die Unterkunft in der Familie, Essen und das Besuchen der italienische Schule werden von SAS gezahlt. Aber als sie sich auf der Website über die Ausschreibung informierte, war die Frist schon abgelaufen.
Dann erfuhr sie von dem Au-pair-Programm. Dieses Programm ermöglicht es den Teilnehmern, ein oder zwei Jahre in einem anderen Land zu verbringen, bei einer Gastfamilie zu leben, sich um die Kinder zu kümmern und eine Sprachschule zu besuchen. Da Robert gerade in Genua studierte, schrieb ihm Gabi eine E-Mail. Sie bat ihn darum, eine Gastfamilie für sie in Italien zu finden. Robert sah Zeitungen und Websites mit Anzeigen durch. Er fand italienische Gastfamilien auf http://www.aupair-world.net/. Dann ging Robert zu einer Au-pair-Vermittlung in Genua. Er wurde von einer Frau beraten. Sie hieß Alice Girasoli.

"Mia sorella viene dalla Germania. A lei piacerebbe lavorare come au-pair in una famiglia italiana. (Lei) potrebbe aiutarmi?" domandò Robert ad Alice.
"Certo, con molto piacere. Noi mandiamo ragazze au-pair in tutta l'Italia. Un'au-pair viene ospitata da una famiglia per aiutare in casa e badare ai bambini. La famiglia dà alla au-pair vitto, una camera ed una paga minima. Questa paga sta fra i duecento e i seicento euro. La famiglia ospitante deve anche pagare all'au-pair un corso di lingue", disse Alice.
"Ci sono famiglie buone e cattive?" domandò Robert.
"Ci sono due problemi quando si sceglie una famiglia. Primo: alcune famiglie pensano che un'au-pair sia una serva che deve fare tutto in casa, anche cucinare per l'intera famiglia, pulire, lavare, lavorare nel giardino, ecc. Ma un'au-pair non è una serva. Un'au-pair è come una figlia o un figlio maggiore della famiglia che aiuta i genitori con i figli minori. Per proteggere i propri diritti, gli au-pair devono elaborare un accordo con la famiglia ospitante. Non fidatevi quando qualche agenzia di au-pair o la famiglia ospitante dicono di usare contratti "standard". Non ci sono contratti standard. L'au-pair può modificare qualsiasi parte del contratto se non lo trova giusto. Tutto ciò che l'au-pair e la famiglia ospitante fanno, dove essere stato concordato nel contratto.
Il secondo problema è questo: alcune famiglie vivono in piccoli paesi dove non ci sono corsi di lingue nè posti dove un'au-pair possa andare nel suo tempo libero. In questo caso è necessario includere nel contratto che la famiglia di accoglienza dovrà pagarle un biglietto di andata e ritorno al più grande centro abitato vicino quando l'au-pair voglia andarci. Può essere una o due volte la settimana".
"Ho capito. A mia sorella piacerebbe una famiglia di Genova. Può cercare una buona famiglia in questa città?" domandò Robert.
"Ma certo, in questo momento abbiamo circa venti famiglie di Genova", rispose Alice. (Lei) telefonò ad un paio di queste. Le famiglie

„Meine Schwester ist aus Deutschland. Sie würde gerne als Au-pair bei einer italienischen Familie arbeiten. Können Sie mir helfen?", fragte Robert Alice.
„Natürlich, sehr gerne. Wir vermitteln Au-pairs an Familien überall in Italien. Ein Au-pair kommt in eine Gastfamilie, um im Haus zu helfen und sich um die Kinder zu kümmern. Die Gastfamilie gibt dem Au-pair Essen, ein Zimmer und Taschengeld. Das Taschengeld liegt zwischen zweihundert und sechshundert Euro. Die Gastfamilie muss auch einen Sprachkurs für das Au-pair bezahlen", sagte Alice.
„Gibt es gute und schlechte Familien?", fragte Robert.
„Es gibt zwei Probleme bei der Wahl einer Familie. Zum einen denken manche Familien, dass ein Au-pair ein Bediensteter sei, der alles im Haus machen muss, einschließlich für die ganze Familie kochen, putzen, waschen, Gartenarbeit usw. Aber ein Au-pair ist kein Bediensteter. Ein Au-pair ist wie eine ältere Tochter oder ein älterer Sohn der Familie, der den Eltern mit den jüngeren Kindern hilft. Um ihre Rechte zu schützen, müssen die Au-pairs eine Vereinbarung mit der Gastfamilie ausarbeiten. Glaub bloß nicht, wenn Au-pair-Vermittlungen oder Gastfamilien sagen, dass sie eine Standardvereinbarung verwenden. Es gibt keine Standardvereinbarung. Das Au-pair kann jeden Teil der Vereinbarung ändern, wenn sie ungerecht ist. Alles, was ein Au-pair und die Gastfamilie machen, muss schriftlich in der Vereinbarung festgehalten werden.
Das zweite Problem ist: Manche Familien leben in kleinen Dörfern, in denen es keine Sprachkurse und wenige Orte gibt, wo das Au-pair in seiner Freizeit hingehen kann. In diesem Fall muss die Vereinbarung enthalten, dass die Gastfamilie für Hin- und Rückfahrkarten in die nächste größere Stadt zahlen muss, wenn das Au-pair dorthin fährt. Das kann ein- oder zweimal die Woche sein".
„Alles klar. Meine Schwester hätte gerne eine Familie aus Genua. Können Sie eine gute Familie in dieser Stadt finden?", fragte Robert.
„Na ja, im Moment haben wir etwa zwanzig

ospitanti erano contente di avere un'au-pair dalla Germania. Molte famiglie volevano una lettera con una fotografia di Gabi. Molte di loro volevano anche telefonarle per essere sicuri che lei parlasse un po' d'italiano. Quindi Robert le dette il suo numero di telefono. Un paio di famiglie ospitanti chiamarono Gabi. Poi lei mandò loro delle lettere. Alla fine scelse una famiglia adeguata e con l'aiuto di Alice elaborò un contratto. La famiglia le pagò il viaggio dalla Germania all'Italia. Finalmente Gabi andò in Italia piena di speranze e sogni.

Familien aus Genua", antwortete Alice. Sie rief ein paar von ihnen an. Die Gastfamilien waren froh, ein Au-pair-Mädchen aus Deutschland zu bekommen. Die meisten Familien wollten einen Brief mit einem Foto von Gabi. Manche wollten sie auch anrufen, um sicherzugehen, dass sie ein bisschen Italienisch sprach. Also gab Robert ihnen ihre Telefonnummer. Ein paar Gastfamilien riefen Gabi an. Dann schickte sie ihnen Briefe. Schließlich entschied sie sich für eine passende Familie und arbeitete mit Alices Hilfe eine Vereinbarung mit ihnen aus. Die Familie bezahlte das Ticket von Deutschland in Italien. Schließlich fuhr Gabi voller Hoffnungen und Träume nach Italien.

* * *

Wörterbuch Italienisch-Deutsch

Aa
a piedi, camminando - zu Fuß
a principio - am Anfang
a voce alta - laut
abbaiò - bellte
abbastanza - ziemlich
abilitá, conoscenze - -e Fähigkeit
accendere - anmachen
accese - macht (den Motor) an; accellerò - trat aufs Gas
accompagnare - mitkommen
accompagnò - begleiten
acqua - -s Wasser
addio, ciao - tschüß
adeguato - passend
adesso, ora - jetzt
aereo - -s Flugzeug
agenzia - Agentur
agitò - (er/sie) schüttelte
ah.. - ah..
aiutante - -r Helfer
aiuto - -e Hilfe; aiutare - helfen
al posto di, invece - anstelle (von)
Albergo - Hotel; alberghi - Hotels
Alice - Alice
alimentare - füttern
all'aria libera, all'aria aperta - draußen
all'improvviso - plötzlich
allarme - -r Alarm
allenare - trainieren; allenato - trainiert
allora, dopo - dann; dopo di questo - danach
almeno - mindestens
altro - andere
alzarsi, stare in piedi - (auf)stehen; Alzati! - Steh auf!
amato - geliebt
Americano - amerikanisch
amichevole/gentile - freundlich
amico - -r Freund
ammazzato - umgebracht
amore - -e Liebe; amare - lieben
anche, pure - auch
ancora - noch
andare (a piedi) - laufen/ gehen (zu Fuß)
andare in autobus - mit Bus fahren
andare in bicicletta - mit Fahrrad fahren
andarsene o lasciare un luogo - weggehen
andato - gegangen
andiamo - lass uns gehen
Angela - Angela
animale - -s Tier
animale domestico - -s Haustier
anno - -s Jahr
annuncio - -e Anzeige
aprí - öffnet
aprire - öffnen
aria - -e Luft
arrabbiato - wütend
arrivare - ankommen
arrivato - angekommen
arte - -e Kunst
artista - -r Künstler
ascensore - -r Aufzug
asciugare - trocknen; secco - trocken (adj)
ascoltare - hören; Io ascolto la musica. - Ich höre Musik.
asilo - -r Kindergarten
aspettare - warten
aspettò - wartete
aspirina - -e Aspirin
assassino/assassina - Schwert...
assicurare - anschnallen
asterisco - -s Sternchen
astuto, furbo - schlau
attento/attenta - sorgfältig
attenzione - -e Vorsicht
attorno, intorno - herum/um
attraverso - durch
attuale - aktuell
aula - -e Klasse
autobus - -r Bus
avere - haben
avventura - -s Abenteuer
avviso, annuncio - -e Anzeige
azzurro, blu - blau

Bb
baciare - küssen
bagnato, umido/bagnata, umida - nass

bagno - -s Badezimmer; vasca da bagno - -e Badewanne
balena - Wal; orca assassina - Schwertwal
ballare - tanzen; ballando - tanzend;
bambina/ragazza - -s Mädchen
bambini - Kinder
bambino - -s Kind
bambino/ragazzo - -s Kind / -r Junge
bambola - -e Puppe
banca - -e Bank
banco/scrivania/tavolo - -r Tisch
bar - -s Cafè
barca, nave - -s Schiff
battere - schlagen
bello/bella - schön
bene - gut; Bene! - toll!
bere - trinken
bianco/bianca - weiß
bicicletta - -s Fahrrad
biglietto, ticket - -e Fahrkarte
bip - -r Piepton
borsa - -e Tasche
bottone - -r Knopf
braccio - -r Arm
brocca - -e Kanne
buono, gustoso - lecker
buono/buona - gut
burro - -e Butter

Cc
cadendo - beim Fall
cadere - fallen; cade - er/sie fällt
caffè - -r Kaffee
caffettiera - -e Kaffeemaschine
caldo, tiepido - warm; riscaldare - wärmen
cambiare - wählen; cambio, resto - Wechsel, Tausch
camion - -r Laster
camminando - laufend
camminare - laufen
cammino - -r Weg
campagna - -s Land
campagna - -s Land
cane - -r Hund
canguro - -s Känguru
cantante - -r Sänger
cantare - singen

capelli grigi - graue Haar
capello - -s Haar
capí - hat verstanden
capire/comprendere - verstehen
capitano - -r Kapitän
capo - -r Chef, Leiter
cappello - -r Hut
caricare - laden
caricare - laden; magazziniere (addetto al carico/scarico) - -r Verlader
caro/cara - lieb
Carol - Carol
carta - -s Papier
casa - -s Haus
casa editrice - -r Verlag
cattivo/cattiva - schlecht
cavo - -s Kabel
CD - -s CD
celibe, nubile - ledig
cellulare - -s Handy
cento - Hundert
centrale - zentral
centro - -s Zentrum; centro della città - Stadtzentrum
centro commerciale - -s Einkaufszentrum
cercare, provare - versuchen
cercò - versuchte
cerimonia - -e Zeremonie
certo - natürlich
che - dass; Io so che questo libro è interessante. - Ich weiß dass, dieses Buch interessant ist.
che, di - als; Giorgio è più vecchio di Fabia. - George ist älter als Fabia.
chi - wer
chiamare, telefonare - anrufen; chiamare - rufen; call center - Callcentre
chiamato - genannt
chiave - -r Schüssel
chiedere, domandare - fragen
chilometro - -s Kilometer
chimica - -e Chemie
chimico - chemisch (adj); prodotti chimici- Chemikalien
chiudere - schließen
chiuso - geschlossen
ciao - hallo, tschüß

cinque - fünf
cintura di sicurezza - Sicherheitsgurt
circa - etwa; approssimatamente - circa, ungefähr
cisterna - -r Tank
città - -e Stadt
cliente - -r Kunde
club - -r Club
coda - -e Schlange, -r Schwanz
colazione - -s Frühstück; fare colazione - frühstücken
collega - -r Kollege
collocare - legen
colpire, picchiare - Schlägen
come - wie
cominciare - beginnen
commesso del negozio - -r Verkäufer
compito/missione - -e Aufgabe, Hausaufgaben
comporre - entwerfen, schreiben
composizione, tema, articolo - -r Auftrag
comprare - kaufen
computer/pc - -r Computer
comune - normal; normalmente - normalerweise
con - mit; con attenzione - aufmerksam
condannare - verurteilen
confuso - verwirrt
congelarsi/paralizzarsi - erstarren
conoscere, sapere - kennen, kennenlernen
conosciuto - bekannt
consulente - -r Berater
consulenza - -e Empfehlung
consultare - beraten
contadino - -r Bauer
contenta/felice - froh
contento(a) - froh
continua - Fortsetzung folgt
continuare - fortsetzen; continuato - fortgesetzt
contratto - -r Vertrag
contro - gegen
controllare - kontrollieren
controllo - -e Kontrolle
coordinazione - -e Koordination
cornetta del telefono - -r Hörer
Corrado - Corrado (Name)

correndo - rennend
correre - laufen
corretto - richtig; correttamente - richtig/gut; incorrettamente - falsch/schlecht
corse - rannte
corso - -r Kurs
cortile - -r Hof
corto/corta - kurz
cosa, che, quale - was; Cos'è questo? - Was ist das? Quale tavolo? - Welcher Tisch?
così come, anche - sowie
costa - -e Küste
costante - beständig
costare - kosten
creativo - kreativ
credere - glauben
criminale - kriminal (adj); criminal - -r Verbrecher
cristallo - -s Kristall
cucciolo - -r Welpe
cucina - -e Küche, -r Herd
cucinando - kochend

Dd
d'accordo, bene - okay, nah gut
da (quando) - ab (Zeitpunkt)
Daniele - Daniele
dare - geben
dare fastidio - ärgern
data - -s Datum
davanti - vorn
davanti a - vor
decimo - zehnte
della donna - Frauen..
dentro - in, drinnen, herein
desiderare/volere - wollen
design - -s Design
destro/destra - recht
dette un passo - ging
detto - gesagt
di chi - wessen
di fronte - vor
di mamma - Mutters
di Paul - Pauls
di Robert - Roberts
dieci - zehn
diede, ha dato - gab

dietro - hinter, zurück
differente, diverso - anders
difficile - schwierig
diffondere, spalmare - einschmieren
dimenticare - vergessen
dimenticò, scordò - vergessen
dimostrò - demonstrieren
Dino - Dino (Italienische Spitzname für längere Namen mit der Endung -Dino)
dipartimento del personale - -e Personalabteilung
dire - sagen
dirigere, guidare - führen
dirigersi a - sich wenden
discorso - -e Rede
distruggere - zerstören
ditta, azienda - -e Firma
divertente - lustig
divertimento - -r Spaß
dodici - zwölf
domandò - fragte
domani - morgen
domenica - -r Sonntag
donna - -e Frau
dopo - nach
dormendo - schlafend
dormire - schlafen
dottore - -r Doktor
dove - wo
dovere - müssen; Io devo andare. - Ich muss gehen.
dovrò - sollen
due - zwei
due volte - zwei mal
durante - während
duro - schwer
DVD - DVD

Ee
è di - ist aus
è per questo - deswegen
e/ed - und
ecc - usw.
editore - Verleger
educazione - Erziehung
Ei! - Hey!
eleggere, scegliere - wählen

elettrico/elettrica - Strom-
email/posta elettronica - e-mail
energia - -e Energie
erano/stavano - waren
esame, prova - Prüfung; esaminare, provare - prüfen
esempio - -s Beispiel; per esempio - zum Beispiel
esibizione aerea - -e Flugschau
esperienza - Erfahrung
essere d'accordo - einverstanden sein
essere promosso - Prüfung bestehen
essere/stare - sein
estraneo - fremd
estraterrestre - Außerirdischer
etá - -s Alter
euro - -s Euro
Express Bank - Express Bank

Ff
fa - vor; un anno fa - vor einem Jahr
Fabia (nome) - Fabia (Name)
faccia, viso - -s Gesicht
fame - -r Hunger
famiglia - -e Familie
far dispiacere - jm Leid tun; Mi dispiace. - Es tut mir Leid.
fare - machen
fattoria - -r Bauernhof
favorito(a), preferito(a) - Lieblings...
fece - machte
felicitá - -s Glück
femminile - weiblich
fermare - halten
fermò - stoppte
ferrovia - -e Eisenbahn
figlia - -e Tochter
figlio - -r Sohn
film - -r Film
finale - letzte, End-
finanze - Finanz
fine - -s Ende
fingere - vorspielen
finito - beendet
fino - bis
fiore - -e Blume
fluente - fließend

fluire - fließen
foglio (di carta) - -s Blatt (Papier)
Ford - -r Ford
formulario, modulo - -s Formular
forte - stark
fortemente - stark
forza - -e Kraft
fotografare - fotografieren; fotografo - -r Fotograf
fotografia - -s Bild
fra - zwischen
Francese - Französisch
Francia - Frankreich
frase - -r Satz
fratello - -r Bruder
freddo (agg) - kalt (adj); freddezza - -e Kühle
freno - -e Bremse; frenare - (ab)bremsen
fu/è stato - war
fuoco - -s Feuer
fuori - draußen
fuori da - hinaus
fuori servizio, non funziona - außer Betrieb sein
furbo - schlau
futuro - -e Zukunft

Gg
Gabi - Gabi (Name)
galleggiando - schaukelnd
galleggiare - schwimmen
gamba - -s Bein
gara, concorso - -r Wettbewerb
gas - Gas
gattino/gattina - -e Miezekatze, -s Kätzchen
gatto - -e Katze
gelato - -s Eis
genitori - Eltern
gente - Leute
Germania - Deutschland
gestire, riuscire - führen/leiten
già - schon
giacca - -e Jacke
Giacomo - Giacomo
giallo - gelb
giardino - -r Garten
giocando - spielend
giocare - spielen

giocattolo - -s Spielzeug
Giorgio - Giorgio (Name)
giornale - -e Zeitung
giornalista - -r Journalist
giorno - Tag; giornaliero - täglich
giovane - jung
girando - drehend
girare - drehen; accendere - anmachen; chiudere/spegnere - ausmachen
Giuseppe - Giuseppe (Name)
giusto/esatto - richtig
gli - ihm
godere, divertirsi - Spaß haben
gomma - Gummi
grande - groß
gridare/urlare/ululare/piangere - schreien; grida/urla/ulula/piange - er/sie schreit
gridò - schrie, rief
grigio - grau
guadagnare/percepire - verdienen; Io guadagno 10 euro l'ora - Ich verdiene 10 Euro pro Stunde.
guardare - anschauen
guardato - angeschaut
guerra - -r Krieg
guidare - fahren; conducente - Fahrer
guidava - führte

Hh
ha - hat; Lui ha un libro. - Er hat ein Buch.
Hannover - Hannover
ho avuto - gehabt haben
ho bisogno - (ich) brauche

Ii
idea - Idee
ieri - gestern
il libro di Giuseppe - Giuseppes Buch
Il più spesso possibile - so oft wie möglich
il più vicino - nächste
il quale - der
il/suo libro - sein/ihr Buch
immediatamente - sofort
imparando - lernend
imparare - lernen, erfahren
impiegato - -r Mitarbeiter
importante - wichtig

in - in/auf
in bianco, vuoto - leer
in punto - Punkt; Sono le due in punto. - Es ist Punkt zwei Uhr
in segreto - heimlich
in un'ora - in eine Stunde; all'una in punto - um Punkts eins
incidente - Unfall
incidere - einspielen
incontrare - treffen
incosciente - bewusstlos
indirizzo - -e Adresse
individualmente - einzeln
informare - informieren
informato - informiert
informazione - Information
ingegnere - Ingenieur
ingiusto - ungerecht
ingoiare - verschlucken
inquinare - verschmutzen
insegnare - lehren
insieme, assieme - zusammen
intanto - in der Zwischenzeit, während
intelligente - intelligent
interessante - interessant
invece - statt
inviato - gesendet
invitato/invitata - -r Gast
io - Ich
irosamente/con rabbia - wütend
Italia - Italien
italiano (agg) - Italienisch
italiano (m), italiana (f) - Italiener, Italienerin

Kk
Kasper - Kasper (Name)

Ll
l'ora - pro Stunde
l'ultimo, lo scorso - letzt; durare fino - dauern bis...
l'uno all'altro - zueinander
là/lì (luogo) - dort (Ort); da - dorthin/ dahin (Richtung)
ladro - Dieb, ladri - dieben
lago - -r See
largo/ampio/ampiamente - weit
laser - -r Laser
lavandino (piano lavabo, tavolo da bagno) - -s Waschbecken (Badezimmertisch)
lavando - waschend
lavare - waschen
lavorando - arbeitend
lavoratore - -r Arbeiter
lavoro - -e Arbeit; lavorare - arbeiten; agenzia di lavoro - -e Arbeitsvermittlung
lavorò - arbeitete
lavoro manuale - -e Handarbeit
lavoro mentale - -e Kopfarbeit
le diciassette (ore) - siebzehn (Uhr)
leader - -r Führer
leggendo - lesend
leggere - lesen
leggermente - ein bisschen
lei - sie (Singular)
lentamente - langsam
leone - -r Löwe
lettera - -r Brief
letto - -s Bett
lettore di CD - -r CD-Spieler
lezione - -e Lektion
liberare - frei machen / befreien
libero - frei
libreria, scaffale - -s Buchregal
libro - -s Buch
libro (di testo) - -s Fachbuch
licenziare - feuern
limite - Grenze
lingua - Sprache
lingua nativa - Muttersprache
lista - Liste
lo - es/ihm
lo saluta cordialmente, affettuosamente - herzlich
lo stesso - gleich; allo stesso tempo - gleichzeitig
lontano - fern, weit
loro - ihr, sie, ihre/r, sie (Plural)
lui - er
lunedí - -r Montag
lungo/lunga - lang, entlang
luogo, posto - -r Ort

Mm
macchina/autovettura - -s Auto
maggiore - älter
magro - schwach / schlank
mai - nie
mamma, madre - -e Mutti, Mutter
manette - Handschellen
mangiare - essen, Essen
mano - -e Hand
mappa - Karte; mappa dell'uomo - Karte des Mannes
mare - See
Maria - Maria (Name)
mascolino - männlich
materasso - -e Matratze
mattina - -r Morgen
me - mir/mich
medico - arzt...
membro - -s Mitglied
meno - weniger
mentire - lügen
meraviglioso/meravigliosa - wunderbar
merenda/snack/spuntino - -r Imbiss
mese - -r Monat
metallo - -s Metall
metodo - -e Methode
metro - -s Meter
mettere verticalmente - vertikal setzen; mettere horizontalmente - horizontal setzen
mezza/mezzo - halb
microfono - -s Mikrofon
migliorare - verbessern
migliore - am besten
mille milioni - Billion
mille, mila - tausend
minuto - -e Minute
mio, mia, miei, mie - mein, meine
mistero - -s Geheimnis
mobili - -e Möbeleinrichtung
molto/molta/molti/molte - viel/viele
momento - -s Moment
mondo - -e Welt
monotono - monoton/ langweilig
mordere - stechen
morire - sterben, morí - er/sie starb
mortale/fatale - tödlich

moscerino, zanzara - -e Stechmücke
mosse - fahren
mosso, commosso - bewegt
mostrare - zeigen
motore - -r Motor
musica - -e Musik

Nn
nascondere - verstecken; nascondino - -s Versteckspiel
nascose - versteckte
naso - -e Nase
naso (di animale) - -r Schnauz
natura - -e Natur
nave spaziale - -s Raumschiff
nazionalitá - -e Nationalität
negozio - -r Laden; negozi - Läden
negozio di video - -e Videothek
nella strada - auf der Strasse; fuori di - ausser
nero - schwarz
nessuno - niemand
niente - nichts
no, non - nein
noi - wir/uns
nome - -r Name
nominare, chiamare - nennen, rufen
nono - neunte
Nord America ed Eurasia - Nordamerika und Eurasien
nostro - unser
nota - -e Note
notte - -e Nacht
nove - neun
numero - -e Nummer
nuotare - schwimmen
nuovo - neu

Oo
o - oder
occhio - -s Auge; occhi - Augen
odiare - hassen
oggi - heute
ogni tanto, non frequente - ab und zu
Oh! - Oh!
olimpico - olympic (olympisch)
olio - Öl
onda - Welle

ora - -e Stunde; all'ora - pro Stunde/ stündlich
ordinare, chiedere - fragen
orecchio - -s Ohr
orologio - -e Uhr
ospite - -r Gast
ottavo - achte
ottenere - erhalten, erreichen, bekommen
otto - acht

Pp
padrone - -r Besitzer
paese, paesino - -s Dorf, Land
pagare - zahlen
pagina web, sito - Websites
pagò - bezahlte
pallido/pallida - blass
pane - -s Brot
panino - -s Brötchen
pantaloni - -e Hose
papá - -r Vati
paracadute - -r Fallschirm
paracadutista - -r Fallschirmspringer
parco - Park; parchi - Parks
parlare, chiaccherare - sprechen, schwätzen
parola - -s Wort; parole - Wörter
parte - -e Seite
partecipante - -r Teilnehmer
passato - -e Vergangenheit; gegangen
passo - -r Schritt
pasto - -e Mahlzeit
patente - -r Führerschein
pattuglia - -e Polizeistreife
Paul - Paul (Name)
penna - -r Stift; penne - Stifte
pensando - denkend
pensare - denken
pensiero, pensato - -r Gedanke
per - für
per favore - bitte
per me - für mich
perchè - weil
perchè? - warum?
perdere - verlieren
Pèrez - Pèrez
permettere - lassen
però, ma - aber

persona - -e Person
personale - -s Personal
pertanto, così - daher, deshalb
piacere, amare - mögen, lieben
pianeta - -r Planet
piano - -r Plan; pianificare - planen
piatto - -r Teller
piazza - -r Platz
piccolo - klein
piede - -r Fuß; a piedi - zu Fuß
pieno - voll
pillola - -e Tablette
pilota - -r Pilot
pioggia - -r Regen
pistola - -e Waffe
più - mehr
più grande - größer
più lontano - weiter
più vicino - näher
pochi/poche - wenig
polizia - -e Polizei
Polonia - Poland
ponte - -e Brücke
porta - -e Tür
portare - bringen;
posizione - -e Stellung
possibile - möglich
possibilitá, opportunitá - -e Möglichkeit
potere - dürfen; Io potrei andare in banca. - Ich dürfe zur Bank gehen.
potrei - könnte (konditional); Io potrei leggerlo se... - Ich könnte es lesen wenn...
povero - arm
prendere - nehmen
prendere cura di - sorgen für
prendere parte - teilnehmen
prendere, catturare - ergreifen; accorgersi, rendersi conto - bemerken
preoccuparsi - sich sorgen
preparare - machen, vorbereiten
prese - nahm
preso - genommen
pressare - pressen
presto - bald
prezzo - -r Preis
primo/prima - erst

problema - -s Problem
produrre, fabbricare - herstellen
professione - -r Beruf
professore/professoressa, maestro/maestra - -
    r Lehrer / -e Lehrerin
programma - -s Programm
programmatore - -r Programmierer
pronto - fertig
proprio/propria - sein/ihr
proteggere - schützen
pubblico - -s Publikum
pulire - putzen
pulito - sauber
puzzolente - stinkend
papá - -r Vati

Qq
quaderno - -s Notizbuch; quaderni -
    Notizbücher
qualche cosa - etwas
qualche volta, ogni tanto - manchmal
qualche/qualcuna/qualcuno - einige
qualcosa/qualche - etwas
qualcuno/qualcuna - jemand
qualcuno/qualcuna/qualche - einige
quale - welcher
quando - wann
quarantaquattro - vierundfvierzig
quarto - vierte
quattro - vier
quelli - die
quello/quella - der/die
queste cose - diese Dinge
questi - diese
questionario - -r Fragebogen
questo - dieser; questo libro - dieses Buch
qui (un luogo) - hier (ein Ort); di qui, di qua
    (direzione) - hierher (Einrichtung); è
    qui/eccolo qui - hier ist er/es!
quindi - so
quindici - fünfzehn
quinto - fünfte

Rr
raccomandare - empfehlen; raccomandazione
    - -e Empfehlung
raccomandato - empfohlen

raccontare, dire - erzählen
radar - -s Radar
radio - -s Radio
ragazza - -e Freundin
ragazzo - -r Freund, Junge
ragione - -r Grund
rapido, svelto, rapidamente - schnell
rapina - -r Überfall
reale, realmente, molto - wirklich
regola - -e Regel
reporter/giornalista - -r Reporter
residenza per studenti - Studentenwohnheim
riabilitare - gesund pflegen
riabilitazione - -e Rehabilitation
ricerca - -e Suche
ricordato - erinnert
ridere - lachen
riempire - füllen
rifiutare - ablehnen
rimanere - bleiben
rimbalzare - aufprallen
ringraziare - danken; la ringrazio/ti ringrazio
    - ich danke dir/Sie; grazie - danke
ripieno - gefüllt;
bambolotto paracadutista - -e
    Fallschirmspringerpuppe
riposo, pausa - Pause
riscattare - befreien
rispose - antwortete
risposta - -e Antwort; rispondere - antworten
rivista - -e Zeitschrift
Robert - Robert (Name)
roccia/pietra - Stein
Roma - Rom
rosso - rot
rubare - stehlen
rubato - gestohlen
rubinetto - -r Hahn
ruota - -s Rad

Ss
sabato - -r Samstag
sabbia - -r Sand
saltare - springen; salto - -r Sprung
salute - -e Gesundheit
salvare - retten

sapere (potere) - können; Io so leggere. - Ich kann lesen.
scale - -e Treppe
scappo/fuggí - entgehen
scaricare - ausladen
scatola - -e Kiste
scemo - dumm
scendere da - aus (+dat) steigen
scimmia - -r Affe
scrisse - schrieb
scrittore - -r Schreiber
scrivere - schreiben
scuola - -e Schule
scuro - dunkel
scusarsi - sich entschuldigen; Mi scusi. - Entschuldigen Sie.
se - wenn
sebbene - obwohl
secchio - -r Eimer
secondo - zweite
secondo nome - zweiter Name
sedersi - sich setzen
sedia, sedile - -r Stuhl
segnalato - gemeldet
segretaria - -e Sekretärin
segreteria telefonica - answering machine
segreto - geheim
sei - sechs
selezionare, scegliere - wählen
seme - -r Same
semplice - einfach
sempre - immer
sentire (sentimenti), accorgersi, notare - fühlen
sentire panico - in Panik geraten
sentito - gehört
senza - ohne
senza fare rumore - langsam
seppi, conobbi - ich wusste
sera - -r Abend
sergente - -r Polizeihauptmaster
seriale - reihenweise
seriamente, sul serio - ernst
serva - -r Bedienstete
servire - bedienen
servizio di soccorso - -r Rettungsdienst
sessanta - sechzig

sesso - -s Geschlecht
sesto - sechste
sette - sieben
settimana - -e Woche
settimo/settima - siebente
sì - ja
si cerca - man sucht
sicuro/sicura - sicher
significare - bedeuten
signora - -e Frau
signore, Sig. - Herr, Hr
signorina/Sig.na - Fräulein
sinistra - links
sirena - Martin-Horn
situazione - -e Situation
sogna - träumt; sognare - träumen
sogno - -r Traum
soldi - -s Geld
soldi in contanti - Bargeld; sportello - Kasse; sportellista - -r Kassier
sollecitare, applicare - bewerben
solo/unicamente - nur
sopra, sul - oben, auf
sorella - -e Schwester
sorpresa - -e Überraschung; sorprendere - überraschen; sorpreso - verwundert
sorrise - lächelte
sorriso - -s Lächeln; sorridere - lächeln
sotto - unter
sottolineare - unterstrichen
spaniel - -r Spaniel
sparo - -r Schoss
spazio - -r Raum
specialmente - besonders
spendere - ausgeben
speranza - -e Hoffnung; sperare - hoffen
spesso, frequente - oft
spiegare - erklären
spingere - drängeln
spingere - stoßen
sporco, sporca - dreckig
sport - -r Sport; negozio di articoli sportivi - -s Sportgeschäft;
bicicletta sportiva- -s Sportfahrrad
squadra - -e Mannschaft
squillò, suonò - klingelte
stagione - -e Jahreszeit

stanco - müde
standard - standard
stanza - -s Zimmer; stanze - Zimmer
status/posizione - -r Stand; stato civile - -r Familienstand
stazione - -r Bahnhof
stella - -r Stern
stimare, valutare - schätzen
stimato - geehrt
storia - -e Geschichte
strada - -e Straße; strade - Straßen
strofinarsi - sich reiben
studentato - -s Studentenwohnheim
studente - -r Student; studenti - Studenten
studiare - studieren, lernen
succedere - passieren; successe - es passiert
suo - sein; suo letto - sein Bett
suolo - -r Boden
suonare, squillare - klingeln; suona, squilla - es klingelt
supermercato - Supermarkt
sviluppare - entwickeln

Tt
tasca - -e Tasche
tassì - -s Taxi; tassista - -r Taxifahrer
tastiera - -e Tastatur
tavola - -r Tisch; tavoli/tavole - Tische
tavolo da bagno - -r Badezimmertisch
tazza - -e Tasse
tè - -r Tee
tedesco - deutsch
teiera - -r Kessel
telefono - Telefon; telefonare - anrufen
televisore - -s Fernsehen
tema, affare, business - -s Geschäft
tempo - Zeit; il tempo passa - Zeit läuft; -s Wetter
Terra - -e Erde, -s Land; atterrare - landen
terzo - dritte
testa - -r Kopf
testo - -r Text
tetto - -s Dach
tigre - -e Tiger
timoroso - furchtsam
tipo - -e Art
tirare - ziehen / werfen

titolare - -r Besitzer
topo - -e Ratte
totale - ganz
traduttore - -r Übersetzer
trasportare - transportieren
trasporto - -r Transport
tre - drei
tremare - zittern
treno - -r Zug
trenta - dreizehn
triste - traurig
troppo grande - zu groß
trovato - gefunden
trucco - -s Trick
tu (singolare), Voi (plurale) - du (Singular), ihr (Plural)
tuo, tuoi - dein/e
tutti quanti - alle
tutto - alles
televisione - -s Fernsehen

Uu
uccello - -r Vogel
ufficiale - offiziell
ufficio - -s Büro
ululato - -s Geheul
umano - -r Mensch; umano (agg) - menschliche (adj)
un altro - ein andere, noch eins
un'altra volta - wieder
una volta - einmal
undici - elf
unire - vereinen, zusammenstellen
università - -e Universität
uno - ein
uno in più - ein mehr
uno o l'altro - der Eine oder Andere
uno per volta - einer nach dem anderen; grande, abbondante - groß
uomini - Männer
uomo - -r Mann
usare - benutzen
uscì - er/sie ging raus
uscì correndo - er/sie rannte nach draußen
uscire - rausgehen
usuale - üblich

Vv
va bene/bene - okay, nah gut
vecchio - alt
vedere - sehen
velocità - -e Geschwindigkeit; conduttore temerario - -r Raser; limite di velocità - -e Geschwindigkeitbegrenzung
vendere - verkaufen
vengono, vanno - kommen, gehen
venne - kam
venti - zwanzig
venticinque - fünfzehn
vento - -r Wind
ventuno - einundzwanzig
veramente - wirklich
verde - grün
vergognarsi - sich schämen; lui si vergogna - er schämt sich
versare - gießen
vestito - -e Kleidung; vestirsi/indossare - sich anziehen; essere vestito - tragen/anziehen
veterinario - -r Tierarzt
vetrina – -e Schaufenster; vetrine - Schaufenster
vetro - -s Glas

viaggiare - reisen
vicino - -r Nachbar, nah, in der Nähe (von)
vide - er sah
videocassette - Videokassetten
virtú, qualitá - -e Eigenschaft
visita - -r Besuch
visitato - besucht
visto che, come - da
vita - -s Leben; manovra di salvataggio - -s Rettungstrick
vivendo - lebend
vivere - leben
vivevano - lebten
voce - -e Stimme
volare - fliegen
volte - -s Mal; due volte - zweimal
vuoto - leer

Ww
WC - -e Toilette

Zz
zebra - -e Zebra
zitto/zitta, silenziosamente - still
zoo - Zoo, -r Tiergarten

Wörterbuch Deutsch-Italienisch

Aa
ab (Zeitpunkt) - da (quando)
ab und zu - ogni tanto, non frequente
Abend - sera
Abenteuer - avventura
aber - però, ma
ablehnen - rifiutare
acht - otto
achte - ottavo
Adresse - indirizzo
Affe - scimmia
Agentur - agenzia
ah.. - ah..
aktuell - attuale
Alarm - allarme
Alice - Alice
alle - tutti/ogni
alles - tutto
all-round (herum) - attorno, tutto intorno
als - che, di; George ist älter als Fabia. - Giorgio è più vecchio di Fabia.
alt - vecchio
Alter - etá
älter - maggiore
am Anfang - a principio
Amerikanisch - Americano
andere - altro
anders - differente, diverso
angekommen - arrivato
Angela - Angela
angeschaut - guardato
ankommen - arrivare
anmachen - accendere
anrufen - chiamare, telefonare
anschauen - guardare
anschnallen - assicurare
anstelle (von) - al posto di, invece
answering machine - segreteria telefonica
Antwort - risposta
antworten - rispondere
antwortete - rispose
Anzeige - avviso/annuncio
anziehen sich - vestirsi/indossare
Arbeit - lavoro
arbeiten - lavorare
arbeitend - lavorando
Arbeiter - lavoratore
arbeitete - lavorò
Arbeitsvermittlung - agenzia di lavoro
ärgern - dare fastidio
Arm - braccio
arm - povero
Art - tipo
arzt... - medico
Aspirin - aspirina
auch - anche, pure
auf der Strasse - nella strada; ausser - fuori di
Aufgabe - compito/missione
aufmerksam - con attenzione
aufprallen - rimbalzare
aufstehen - alzarsi, stare in piedi; Steh auf! - Alzati!
Auftrag - composizione, tema, articolo
Aufzug - ascensore
Auge - occhio; Augen - occhi
aus (+dat) steigen - scendere da
ausgeben - spendere
ausladen - scaricare
ausmachen - chiudere/spegnere
Auto - macchina/autovettura
außer Betrieb sein - fuori servizio, non funziona
Außerirdischer - estraterrestre

Bb
Badewanne - vasca da bagno
Badezimmer - bagno
Badezimmertisch - tavolo da bagno
Bahnhof - stazione
bald - presto
Bank - banca
Bargeld - soldi in contanti
Bauer - contadino
Bauernhof - fattoria
bedeuten - significare
bedienen - servire
Bediensteter - serva
beendet - finito
befreien - riscattare
beginnen - cominciare

begleiten - accompagnò
beim Fall - cadendo
Beine - gamba
Beispiel - esempio; zum Beispiel - per esempio
bekannt - conosciuto
bellte - abbaiò
bemerken - accorgersi, rendersi conto
benutzen - usare
beraten - consultare
Berater - consulente
Beruf - professione
Besitzer - padrone, titolare
besonders - specialmente
besser/am besten - migliore, meglio
beständig - costante
Besuch - visita
besucht - visitato
Bett - letto
Betten - letti
bewegt - mosso, commosso
bewerben - sollecitare, applicare
bewusstlos - incosciente
bezahlte - pagò
Bild - fotografia
Billion - mille milioni
bis - fino
bitte - per favore
blass - pallido/pallida
Blatt (Papier) - foglio (di carta)
blau - azzurro, blu
bleiben - rimanere
Blume - fiore
Boden - suolo
brauche (ich) - ho bisogno
Bremse - freno
bremsen - frenare
Brief - lettera
bringen; - portare
Brot - pane
Brötchen - panino
Brücke - ponte
Bruder - fratello
Buch - libro
Buchregal - libreria, scaffale
Büro - ufficio
Bus - autobus

Butter - burro

Cc
Cafè - bar
Cafe - caffè, bar
Carol - Carol
CD - CD
CD-Spieler - lettore di CD
Chef/ Leiter - capo
Chemie - chimica
chemisch (adj) - chimico; Chemikalien - prodotti chimici
Club - club
Computer - computer/pc
Corrado (Name) - Corrado

Dd
da - visto che, come
Dach - tetto
daher - pertanto, così
danach - dopo di questo
Daniele - Daniele
danken - ringraziare; ich danke dich/Sie - la ringrazio/ti ringrazio; danke - grazie
dann - allora, dopo
dass - che; Ich weiß dass, dieses Buch interessant ist. - Io so che questo libro è interessante.
Datum - data
dauern bis... - durare fino
dein/deine - tuo/tuoi
demonstrieren - dimostrò
denken - pensare
denkend - pensando
der - il quale, quello
der Eine oder Andere - uno o l'altro
der/die - quello/quella
deshalb / daher - pertanto
Design - design
deswegen - è per questo
deutsch - tedesco
Deutschland - Germania
die - quelli
Dieb - ladro
dieben - ladri
diese - questi
diese Dinge - queste cose

dieser - questo; dieses Buch - questo libro
Dinge - cosa
Dino (Italienische Spitzname für längere
    Namen mit der Endung -Dino) - Dino
Doktor - dottore
Dorf - paese, paesino
dort (Ort) - là/lì (luogo); dorthin/ dahin
    (Richtung) - da (Adresse)
drängeln - spingere
draußen - all'aria libera, all'aria aperta, fuori
dreckig - sporco/sporca
drehen - girare
drehend - girando
drei - tre
dreizehn - trenta
dritte - terzo
du (Singular), ihr (Plural) - tu (singolare),
    Voi (Plurale)
dumm - scemo
dunkel - scuro
durch - attraverso
dürfen - potere; Ich dürfe zur Bank gehen. -
    Io potrei andare in banca.

Ee
Eigenschaft - abilitá/virtú/qualitá
Eimer - secchio
ein - uno
ein andere - un altro
ein Bisschen - leggermente
ein mehr - uno in più
einer nach dem anderen - uno per volta
einfach - semplice
einige - qualche/qualcuna/qualcuno
Einkaufszentrum - centro commerciale
einmal - una volta
einschmieren - diffondere, spalmare
einspielen - incidere
einundzwanzig - ventuno
einverstanden sein - essere d'accordo
einzeln - individualmente
Eis - gelato
Eisenbahn - ferrovia
elf - undici
Eltern - genitori
e-mail - email/posta elettronica
empfehlen - raccomandare

Empfehlung - consulenza, raccomandazione
empfohlen - raccomandato
End- - finale
Ende - fine
enden - finire
Energie - energia
entgehen - scappo/fuggí
entlang - lungo
entschuldigen sich - scusarsi; Entschuldigen
    Sie - Mi scusi.
entwerfen, schreiben - comporre
entwickeln - sviluppare
er - lui; er/sie ging raus - uscì; er/sie rannte
    nach draußen - uscì correndo
Erde - Terra
erfahren - imparare su
Erfahrung - esperienza
ergreifen - prendere, catturare
erhalten/erreichen - ottenere
erinnert - ricordato
erklären - spiegare
ernst - seriamente, sul serio
erreichen, bekommen - ottenere
erst - primo/prima
erstarren - congelarsi/paralizzarsi
erzählen - raccontare, dire
Erziehung - educazione
es/ihm - lo
essen - mangiare
etwa - circa; circa, ungefähr -
    approssimatamente
etwas - qualcosa/qualche
Euro - euro
Express Bank - Express Bank

Ff
Fabia (Name) - Fabia (nome)
Fachbuch - libro (di testo)
Fähigkeit - abilitá, conoscenze
fahren - guidare, mosse
Fahrer - conducente
Fahrkarte - biglietto, ticket
Fahrrad - bicicletta
fallen - cadere; er/sie fällt - cade
Fallschirm - paracadute
Fallschirmspringer - paracadutista

Fallschirmspringerpuppe - bambolotto paracadutista
Familie - famiglia
fern - lontano
Fernsehen - televisore, televisione
fertig - pronto
Feuer - fuoco
feuern - licenziare
Film - film
Finanz - finanze
Firma - ditta, azienda
fliegen - volare
fließen - fluire
fließend - fluente
Flugschau - esibizione aerea
Flugzeug - aereo
Ford - Ford
Formular - formulario, modulo
fortgesetzt - continuato
fortsetzen - continuare
Fortsetzung folgt - continua
Fotograf - fotografo
fotografieren - fotografare
Fragebogen - questionario
fragen - chiedere, domandare, ordinare
fragte - domandò
Frankreich - Francia
Französisch - Francese
Frau - donna, signorina/Sig.na
Frauen.. - della donna
frei - libero
frei machen / befreien - liberare
fremd - estraneo
Freund - amico, ragazzo
Freundin - ragazza
freundlich - amichevole/gentile
froh - contenta/felice
Frühstück - colazione; frühstücken - fare colazione
fühlen - sentire (sentimenti), accorgersi, notare
führen/leiten - gestire, riuscire, dirigere, guidare
Führer - leader
Führerschein - patente
führte - guidava
füllen - riempire

fünf - cinque
fünfte - quinto
fünfundzwanzig - venticinque
fünfzehn - quindici
für - per; für mich - per me
furchtsam - timoroso
füttern - alimentare
Fuß - piede; zu Fuß - a piedi

Gg
gab - diede, ha dato
Gabi (Name) - Gabi
ganz - totale
Garten - giardino
Gas - gas
Gast - invitato/invitata, ospite
geben - dare
Gedanke - pensiero, pensato
geehrt - stimato
gefallen - caduto
gefüllt - ripieno
gefunden - trovato
gegangen - andato, passato
gegen - contro
gehabt haben - ho avuto
geheim - segreto
Geheimnis - mistero
Geheul - ululato
gehört - sentito
gelb - giallo
Geld - soldi
geliebt - amato
gemeldet - segnalato
genannt - chiamato
genommen - preso
gesagt - detto
Geschäft - tema, affare, business
Geschichte - storia
Geschlecht - sesso
geschlossen - chiuso
Geschwindigkeit - velocità; Raser - conduttore temerario; Geschwindigkeitbegrenzung - limite di velocità
gesendet - inviato
Gesicht - faccia, viso
gestern - ieri

gestohlen - rubato
gesund pflegen - riabilitare
Gesundheit - salute
Giacomo - Giacomo
gießen - versare
ging - dette un passo
Giorgio (Name) - Giorgio
Giuseppe (Name) - Giuseppe; Giuseppes
    Buch - il libro di Giuseppe
Glas - vetro
glauben - credere
gleich - lo stesso; gleichzeitig - allo stesso
    tempo
Glück - felicitá
grau - grigio
graue Haare - capelli grigi
Grenze - limite
groß - grande, abbondante
größer - più grande
grün - verde
Grund - ragione
Gummi - gomma
gut - bene, buono, buona

Hh
Haar - capello
haben - avere
Hahn - rubinetto
halb - mezza/mezzo
hallo - ciao
halten - fermare
Hand - mano
Handarbeit - lavoro manuale
Handschellen - manette
Handy - cellulare
Hannover - Hannover
hassen - odiare
hat - ha; Er hat ein Buch. - Lui ha un libro.
hat verstanden - capí
Haus - casa
Hausaufgaben - compito
Haustier - animale domestico
heimlich - in segreto
Helfer - aiutante
herausbekommen - ottenere; kommen (an) -
    arrivare a
Herd - cucina

Herr, Hr - signore, Sig.
herstellen - produrre, fabbricare
herum/um - attorno, intorno
herzlich - lo saluta cordialmente,
    affettuosamente
heute - oggi
Hey! - Ei!
hier (ein Ort) - qui (un luogo); hierher
    (Richtung) - di qui, di qua (direzione);
    hier ist er/es! - è qui/eccolo qui
Hilfe - aiuto; helfen - aiutare
hinaus - fuori da
hinter - dietro
Hof - giardino, cortile
hören - ascoltare; Ich höre Musik. - Io ascolto
    la musica.
Hörer - cornetta del telefono
Hose - pantaloni
Hotel - Albergo
Hotels - alberghi
Hund - cane
Hundert - cento
Hunger - fame
Hut - cappello

Ii
Ich - io
Idee - idea
ihm - gli
ihr - loro
ihre/r - loro
Imbiss - merenda/snack/spuntino
immer - sempre
in / drinnen / herein - dentro
in der Nähe (von) - vicino(a)
in der Zwischenzeit - intanto
in eine Stunde - in un'ora; um Punkt eins -
    all'una in punto
in Panik geraten - sentire panico
in/auf - in
Information - informazione
informieren - informare
informiert - informato
Ingenieur - ingegnere
intelligent - intelligente
interessant - interessante
ist aus - è di

Italien - Italia
Italiener, Italienerin - italiano (m), italiana (f)
Italienisch - italiano

Jj
ja - sì
Jacke - giacca
Jahr - anno
Jahreszeit - stagione
jemand - qualcuno / qualcuna
jetzt - adesso, ora
Journalist - giornalista
jung - giovane
Junge - ragazzo

Kk
Kabel - cavo
Kaffee - caffè
Kaffeemaschine - caffettiera
kalt (adj) - freddo (agg); Kühle - freddezza
kam - venne
Känguru - canguro
Kanne - brocca
Kapitän - capitano
Karte - mappa; Karte des Mannes - mappa dell'uomo
Kasper (Name) - Kasper
Kasse - sportello
Kassier - sportellista
Kätzchen - gattino
Katze - gatto
kaufen - comprare
kennen - conoscere, sapere
kennenlernen - conoscere
Kessel - teiera
Kilometer - chilometro
Kind / Junge - bambino/ragazzo
Kinder - bambini
Kindergarten - asilo
Kiste - scatola
Klasse - aula
Kleidung - vestito
klein - piccolo
klingeln - suonare, squillare; es klingelt - suona, squilla
klingelte - squillò, suonò
Knopf - bottone

kochend - cucinando
Kollege - collega
kommen, gehen - vengono, vanno
können - sapere (potere); Ich kann lesen. - Io so leggere.
könnte (konditional) - potrei; Ich könnte es lesen wenn… - Io potrei leggerlo se…
Kontrolle - controllo
kontrollieren - controllare
Koordination - coordinazione
Kopf - testa
Kopfarbeit - lavoro mentale
kosten - costare
Kraft - forza
kreativ - creativo
Krieg - guerra
kriminal (adj) - criminale
Kristall - cristallo
Küche - cucina
Kunde - cliente
Kunst - arte
Künstler - artista
Kurse - corso
kurz - corto/corta
küssen - baciare
Küste - costa

Ll
lächeln - sorridere
Lächeln - sorriso
lächelte - sorrise
lachen - ridere
laden - caricare; Verlader - magazziniere
Laden - negozio; Läden - negozi
Land - paese, campagna, terra
landen - atterrare
lang - lungo/lunga
langsam - lentamente, senza fare rumore
Laser - laser
lassen - permettere; lass uns gehen - andiamo
Laster - camion
laufen - camminare, correre
laufen / gehen (zu Fuß) - andare (a piedi)
laufend - camminando
laut - a voce alta
Leben - vita
leben - vivere

lebend - vivendo
lebten - vivevano
lecker - buono, gustoso
ledig - celibe, nubile
leer - in bianco, vuoto
legen - collocare
lehren - insegnare
Lehrer / Lehrerin - professore/professoressa, maestro/maestra
Leid j-m tun - far dispiacere; Es tut mir Leid. - Mi dispiace.
Lektion - lezione
lernen - imparare, studiare
lernend - imparando
lesen - leggere
lesend - leggendo
letzte - finale, l'ultimo, lo scorso
Leute - gente
lieb - caro/cara
Liebe - amore
lieben - amare
Lieblings... - favorito(a), preferito(a)
links - sinistra
Liste - lista
Löwe - leone
Luft - aria
lügen - mentire
lustig - divertente

Mm
machen - fare
machte - fece
Mädchen - bambina/ragazza
Mahlzeit - pasto
Mama, Mutter - mamma, madre
man sucht - si cerca
manchmal - qualche volta, ogni tanto
Mann - uomo
Männer - uomini
männlich - mascolino
Mannschaft - squadra
Maria (Name) - Maria
Martin-Horn - sirena
Matratze - materasso
mehr - più
mein, meine - mio, mia, miei, mie
Mensch - umano

menschlich (adj) - umano (agg)
Metall - metallo
Meter - metro
Methode - metodo
Miezekatze - gattino/gattina
Mikrofon - microfono
mindestens - almeno
Minute - minuto
mir/mich - me
mit - con; mit Bus fahren - andare in autobus; mit Fahrrad fahren - andare in bicicletta
Mitarbeiter - impiegato
Mitglied - membro
mitkommen - accompagnare
Möbeleinrichtung - mobili
mögen, lieben - piacere, amare
möglich - possibile
Möglichkeit - possibilitá, opportunitá
Moment - momento
Monate - mese
monoton/ langweilig - monotono
Montag - lunedí
morgen - domani
Morgen - mattina
Motor - motore
müde - stanco
Musik - musica
müssen - dovere; ich muss gehen. - Io devo andare.
Mutters - di mamma
Muttersprache - lingua nativa
Mutti, Mutter - mamma, madre

Nn
nach - dopo
Nachbar - vicino
nächste - il più vicino
Nacht - notte
nah - vicino
näher - più vicino
nahm - prese
Name - nome;
Nase - naso
nass - bagnato, umido/bagnata, umida
Nationalität - nazionalitá
Natur - natura
natürlich - certo

nehmen - prendere
nein - no, non
nennen, rufen - nominare, chiamare
neu - nuovo
neun - nove
neunte - nono
nichts - niente
nie - mai
niemand - nessuno
noch - ancora
noch eins - un altro
Nordamerika und Eurasien - Nord America ed Eurasia
normal - comune
normalerweise - normalmente
Note - nota
Notizbuch - quaderno
Notizbücher - quaderni
Nummer - numero
nur - solo/unicamente

Oo
oben / auf - sopra, sul
obwohl - sebbene
oder - o
offiziell - ufficiale
öffnen - aprire, sperare
öffnet - aprì
Öffnung - speranza
oft - spesso, frequente
Oh! - Oh!
ohne - senza
Ohr - orecchio
okay, nah gut - d'accordo, bene
Öl - olio
Ort - luogo, posto

Pp
Papier - carta
Park - parco
Parks - parchi
passend - adeguato
passieren - succedere; es passiert - successe
Paul (Name) - Paul
Pauls - di Paul
Pause - riposo, pausa
Pèrez - Pèrez

Person - persona
Personalabteilung - dipartimento del personale
Personell - personale
Piepton - bip
Pilot - pilota
Plan - piano
planen - pianificare
Planet - pianeta
Platz - piazza
plötzlich - all'improvviso
Poland - Polonia
Polizei - polizia
Polizeihauptmaster - sergente
Polizeistreife - pattuglia
Preis - prezzo
pressen - pressare
pro Stunde - l'ora
Problem - problema
Programm - programma
Programmierer - programmatore
prüfen - provare
Prüfung - esame, prova; Prüfung bestehen - essere promosso
Publikum - pubblico
Punkt - in punto; Es ist Punkt zwei Uhr - Sono le due in punto.
Puppe - bambola
putzen - pulire

Rr
Rad - ruota
Radar - radar
Radio - radio
rannte - corse
Ratte - topo
Raum - spazio
Raumschiff - nave spaziale
rausgehen - uscire
recht - destro/destra
Rede - discorso
Regel - regola
Regen - pioggia
Rehabilitation - riabilitazione
reiben sich - strofinarsi
reihenweise - seriale
reisen - viaggiare

rennend - correndo
Reporter - reporter/giornalista
retten - salvare
Rettungsdienst - servizio di soccorso
Rettungstrick - manovra di salvataggio
richtig - corretto; richtig/gut - correttamente; falsch/schlecht - incorrettamente
Robert (Name) - Robert
Roberts - di Robert
Rom - Roma
rot - rosso

Ss
sagen - dire
sah (er) - vide
Same - seme
Samstag - sabato
Sand - sabbia
Sänger - cantante
Satz - frase
sauber - pulito; säubern - pulire
schämen sich - vergognarsi; er schämt sich - lui si vergogna
schätzen - stimare, valutare
Schaufenster - vetrina / vetrine
schaukelnd - galleggiando
Schiff - barca, nave
schlafen - dormire
schlafend - dormendo
schlagen - battere
Schlägen - colpire, picchiare
Schlange - coda
schlau - astuto, furbo
schlecht - cattivo, cattiva
schließen - chiudere
Schluss - sparo
Schnauze - naso (di animale)
schnell - rapidamente, rapido, svelto
schön - bello/bella
schon - già
schreiben - scrivere
Schreiber - scrittore
schreien - gridare/urlare/ululare/piangere; er/sie schreit - grida/urla/ulula/piange
schrie / rief - gridò
schrieb - scrisse
Schritt - passo

Schule - scuola
Schüssel - chiave
schüttelte (er/sie) - agitò
schützen - proteggere
schwach / schlank - magro
Schwanz - coda
schwarz - nero
schwer - duro
Schwert... - assassino/assassina
Schwertwal - orca assassina
Schwester - sorella
schwierig - difficile
schwimmen - galleggiare, nuotare
sechs - sei
sechste - sesto
sechzig - sessanta
See - lago, mare
sehen - vedere
sehr - molto
sein (v) - essere, stare
sein/ihr - proprio/propria
sein/ihr - suo; sein Bett - suo letto; sein/ihr Buch - il/suo libro
Seite - parte
Sekretärin - segretaria
setzen sich - sedersi
sicher - sicuro/sicura
Sicherheitsgurt - cintura di sicurezza
sie (Plural) - loro; sie (Singular) - lei
sieben - sette
siebente - settimo/settima
siebzehn (Uhr) - le diciassette (ore)
singen - cantare
Situation - situazione
so - pertanto, quindi
sofort - immediatamente
Sohn - figlio
sollen - dovrò
Sonntag - domenica
sorgen für - prendere cura di
sorgen sich - preoccuparsi
sorgfältig - attento/attenta
sowie - così come, anche
Spaniel - spaniel
Spaß - divertimento
Spaß haben - godere, divertirsi
spielen - giocare

spielend - giocando
Spielzeug - giocattolo
Sport - sport
Sportfahrrad - bicicletta sportiva
Sportgeschäft - negozio di articoli sportivi
Sprache - lingua
sprechen/schwätzen - parlare, chiaccherare
springen - saltare
Sprung - salto
Stadt - città
Stand - status/posizione; Familienstand - stato civile
Standard - standard
stark - forte, fortemente
statt - invece
stechen - mordere
Stechmücke - moscerino, zanzara
stehlen - rubare
Stein - roccia/pietra
Stellung - posizione
sterben - morire; er/sie starb - morí
Stern - stella
Sternchen - asterisco
Stift - penna
Stifte - penne
still - zitto/zitta, silenziosamente
Stimme - voce
stinkend - puzzolente
stoppte - fermò
stoßen - spingere
Straße - strada
Straßen - strade
Strom - elettrico/elettrica
Student - studente
Studenten - studenti
Studentenwohnheim - residenza per studenti, studentato
studieren / lernen - studiare
Stuhl - sedia, sedile
Stunde - ora; pro Stunde/ stündlich - all'ora
Suche - ricerca
Supermarkt - supermercato

Tt
Tablette - pillola
Tag - giorno
täglich - giornaliero

Tank - cisterna
tanzen - ballare
tanzend - ballando
Tasche - borsa, tasca
Tasse - tazza
Tastatur - tastiera
Tausend - mille, mila
Taxi - tassì
Taxifahrer - tassista
Tee - tè
teilnehmen - prendere parte
Teilnehmer - participante
Telefon - telefono
Teller - piatto
Text - testo
Tier - animale
Tierarzt - veterinario
Tiergarten - zoo
Tiger - tigre
Tisch - banco/scrivania/tavolo
Tischen - tavoli/tavole
Tochter - figlia
tödlich - mortale/fatale
Toilette - WC
Toll! - Bene!
tragen/anziehen - essere vestito
trainieren - allenare
trainiert - allenato
Transport - trasporto
transportieren - trasportare
Traum - sogno
träumen - sognare
träumt - sogna
traurig - triste
treffen - incontrare
Treppe - scale
Trick - trucco
trinken - bere
trocken (adj) - secco
trocknen - asciugare
tschüß - addio, ciao
Tür - porta

Uu
Überfall - rapina
überraschen - sorprendere
Überraschung - sorpresa

Übersetzer - traduttore
üblich - usuale
Uhr - orologio
um halb neun - alle otto e mezza
umgebracht - ammazzato
und - e/ed
Unfall - incidente
ungerecht - ingiusto
Universität - università
unser - nostro
unter - sotto
unterstrichen - sottolineare
usw. - ecc

Vv
Vati - papá
verbessern - migliorare
Verbrecher - criminal
verdienen - guadagnare/percepire; Ich verdiene 10 Euro pro Stunde. - Io guadagno 10 euro l'ora.
Vereinbarung - contratto
vereinen / zusammenstellen - unire
Vergangenheit - passato
vergessen - dimenticare, dimenticò, scordò
verkaufen - vendere
Verkäufer - commesso del negozio
Verlag - casa editrice
Verleger - editore
verlieren - perdere
verschlucken - ingoiare
verschmutzen - inquinare
verstecken - nascondere; Versteckspiel - nascondino
versteckte - nascose
verstehen - capire/comprendere
versuchen - cercare, provare
versuchte - cercò
vertikal setzen - mettere verticalmente; horizontal setzen - mettere horizontalmente
verurteilen - condannare
verwirrt - confuso
verwundert - sorpreso
Videokassetten - videocassette
Videothek - negozio di video
viel, viele - molto/molta/molti/molte

vier - quattro
vierte - quarto
vierundfvierzig - quarantaquattro
Vogel - uccello
voll - pieno
vor - davanti a; di fronte; fa, vor einem Jahr - un anno fa
vorbereiten - preparare
vorn - davanti
Vorsicht - attenzione
vorspielen - fingere

Ww
Waffe - pistola
wählen - cambiare, eleggere, scegliere, selezionare
während - durante, intanto
Wal - balena
wann - quando
war - fu/è stato
waren - erano /stavano
warm - caldo, tiepido
wärmen - riscaldare
warten - aspettare
wartete - aspettò
warum? - perchè?
was - cosa, che, quale; Was ist das? - Cos'è questo? Welcher Tisch? - Quale tavolo?
Waschbecken (Badezimmertisch) - lavandino (piano lavabo, tavolo da bagno)
waschen - lavare
waschend - lavando
Wasser - acqua
Websites - pagina web, sito
Wechsel, Tausch - cambio, resto
Weg - cammino
weggehen - andarsene o lasciare un luogo
weiblich - femminile
weil - perchè
weit - largo, ampio, ampiamente, lontano
weiter - più lontano
weiß - bianco/bianca
welcher - quale
Welle - onda
Welpe - cucciolo
Welt - mondo
wenden sich - dirigersi a

wenig - pochi/poche
weniger - meno
wenn - se
wer - chi
wessen - di chi
Wettbewerb - gara, concorso
Wetter - tempo
wichtig - importante
wie - come
wieder - un'altra volta
Wind - vento
wir/uns - noi
wirklich - reale, realmente, molto, veramente
wo - dove
Woche - settimana
wollen - desiderare/volere
Wort - parola
Wörter - parole
wunderbar - meraviglioso, meravigliosa
wusste ich - seppi, conobbi
wütend - irosamente/con rabbia

Zz
zahlen - pagare
Zebra - zebra
zehn - dieci
zehnte - decimo
zeigen - mostrare

Zeit - tempo; Zeit lauft - il tempo passa; zwei Mal - due volte
Zeitschrift - rivista
Zeitung - giornale
zentral - centrale
Zentrum - centro; Stadtzentrum - centro della città
Zeremonie - cerimonia
zerstören - distruggere
ziehen - tirare
ziemlich - abbastanza
Zimmer - stanze
zittern - tremare
zu Fuß - a piedi, camminando
zu groß - troppo grande
zueinander - l'uno all'altro
Zug - treno
Zukunft - futuro
zurück - dietro
zusammen - insieme, assieme
zwanzig - venti
zwei - due
zwei mal - due volte
zweite - secondo
zweiter Name - secondo nome
zwischen - fra
zwölf - dodici

Buchtipps

Das Erste Italienische Lesebuch für Anfänger
Stufen A1 A2
Zweisprachig mit Italienisch-deutscher Übersetzung

Das Buch enthält einen Kurs für Anfänger und fortgeschrittene Anfänger, wobei die Texte auf Deutsch und auf Italienisch nebeneinanderstehen. Die Motivation des Schülers wird durch lustige Alltagsgeschichten über das Kennenlernen neuer Freunde, Studieren, die Arbeitssuche, das Arbeiten etc. aufrechterhalten. Die dabei verwendete Methode basiert auf der natürlichen menschlichen Gabe, sich Wörter zu merken, die immer wieder und systematisch im Text auftauchen. Sätze werden stets aus den im vorherigen Kapitel erklärten Wörtern gebildet. Das zweite und die folgenden Kapitel des Anfängerkurses haben nur jeweils 30 neue Wörter. Audiodateien sind auf www.lppbooks.com/Italian/FIRv1/ inklusive erhältlich.

Das Erste Italienische Lesebuch für Anfänger
Band 2
Stufe A2
Zweisprachig mit Italienisch-deutscher Übersetzung

Dieses Buch ist Band 2 des Ersten Italienischen Lesebuches für Anfänger. Das Buch enthält einen Kurs für Anfänger und fortgeschrittene Anfänger, wobei die Texte auf Italienisch und auf Deutsch nebeneinanderstehen. Die dabei verwendete Methode basiert auf der natürlichen menschlichen Gabe, sich Wörter zu merken, die immer wieder und systematisch im Text auftauchen. Sätze werden stets aus den im vorherigen Kapitel erklärten Wörtern gebildet. Audiodateien sind auf www.lppbooks.com/Italian/FIRv2/ inklusive erhältlich.

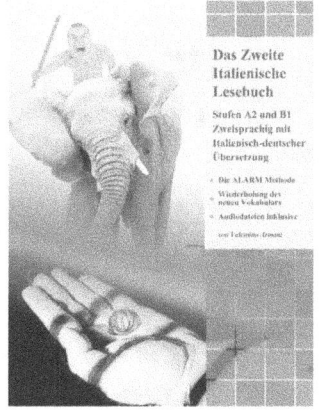

Das Zweite Italienische Lesebuch
Zweisprachig mit Italienisch-deutscher Übersetzung
Stufen A2 B1

Ein Privatdetektiv ist hinter der Frau her, die er liebt. Ehemaliger Luftwaffenpilot, er entdeckt einige Seiten in der menschlichen Natur, mit denen er nicht zurechtkommen kann. Das Zweite Italienische Lesebuch ist ein zweisprachiges Buch für die Stufen A2 und B1. Es hilft Ihnen Italienisch einfacher und schneller zu erlernen. Dieses Buch ist bestens für Sie geeignet, wenn Sie bereits Erfahrung mit der italienischen Sprache haben. Das Buch ist nach der ALARM-Methode aufgebaut. Audiodateien sind inklusive auf www.lppbooks.com/Italian/SIR/ inklusive erhältlich.

Erste Italienische Fragen und Antworten für Anfänger
Zweisprachig mit Italienisch-deutscher Übersetzung
Stufen A1 A2

Das Buch enthält einen Kurs für Anfänger und fortgeschrittene Anfänger, wobei die Texte auf Deutsch und auf Italienisch nebeneinanderstehen. Die Lektionen sind in zwei Blöcke unterteilt: zweisprachige Texte und Verständnisfragen zu den Gesprächsinhalten. Das Buch enthält einige einfache Beispiele für Fragen und Antworten im Italienischen. Die dabei verwendete Methode basiert auf der natürlichen menschlichen Gabe, sich Wörter zu merken, die immer wieder und systematisch im Text auftauchen. Sätze werden stets aus den im vorherigen Kapitel erklärten Wörtern gebildet. Audiodateien sind inklusive auf www.lppbooks.com/Italian/index_de.html inklusive erhältlich.

www.ingramcontent.com/pod-product-compliance
Lightning Source LLC
Chambersburg PA
CBHW080344170426
43194CB00014B/2675